THE KIDS' BOOK OF
Sudoku!

Alastair Chisholm

Puzzles and Solutions
by Alastair Chisholm
(visit Alastair's Web site Sudoku-san
at www.sudoku-san.com)

Illustrations by Nikalas Catlow
Edited by Philippa Wingate
Designed by Zoe Quayle
Assistant Designer: Angela Bernardi

THE KIDS' BOOK OF
Sudoku!

2	3	5	6		8	7	4	9
8	7	4	2		5	1	6	3
	1	6				2	5	
6	4	7					9	2
1								6
3	9	2				8	1	7
	8						2	
4	2	3	8		9	6	7	1
5	6	9	1		2	3	8	4

New York London Toronto Sydney

An imprint of Simon & Schuster Children's Publishing Division
1230 Avenue of the Americas, New York, New York 10020

Puzzles and solutions copyright © 2005 by Alastair Chishom
Compilation copyright © 2005 by Buster Books

Originally published in Great Britain in 2005 by Buster Books,
an imprint of Michael O'Mara Books Limited.

All rights reserved, including the right of reproduction in whole or
in part in any form.

SIMON SCRIBBLES and associated colophon are trademarks of
Simon & Schuster, Inc.

Manufactured in the United States of America

First Edition

10

ISBN-13: 978-1-4169-1789-2
ISBN-10: 1-4169-1789-6

Contents

Introduction

What Is Sudoku?

Sudoku is a number puzzle that originated in Japan. The aim of the puzzle is to fill in all the missing numbers in a grid.

On the page opposite is an empty Sudoku puzzle grid. Each row has nine squares, each column has nine squares, and each box has nine squares. When the puzzle is complete, **every column, row, and box must contain each of the numbers from 1 to 9**, but only once.

In every Sudoku puzzle some of the numbers in the grid have been filled in already. You have to work out the numbers that go in each of the empty squares.

Sudoku experts are very patient. To solve a puzzle you need to use your brain and keep trying!

6

This is a Sudoku puzzle grid.

This is a column.

This is a row.

This is a square.

This is a box.

How Do I Solve a Puzzle?

You don't need to be a mathematical genius, you just need to be logical.

Here is part of a Sudoku puzzle. Try guessing which number is missing in the top row of the grid and the right-hand box.

8	4	6	2		1	3	5	7
						2		1
						6	4	8

Easy, isn't it? If you look at the top row, you can see that it contains 1, 2, 3, 4, 5, 6, 7, and 8, so the only number missing is 9 and there is only one empty square for it to go in. The same is true of the right-hand box.

Sadly those fiendish Sudoku people rarely make it as easy as this to work out where a missing number goes. You need to learn other techniques to help you work out where numbers should go.

Row by Row

In the example below, you will see that the box in the middle and on the right both contain the number 1. Where does 1 go in the left-hand box?

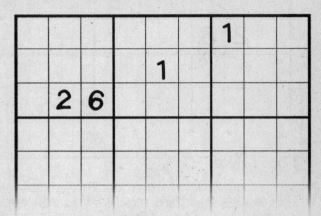

Well, you know that the top row already contains the number 1, so no other square in that row can contain 1.

You know that the second row already contains the number 1, so no other square in that row can contain 1.

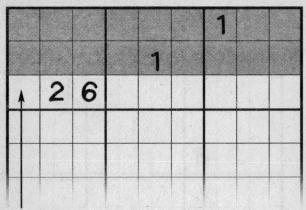

1 goes here

This leaves the third row. As you can see, the third row in the left-hand box only has one empty square, so the missing number 1 must go in there.

See, you got your answer by a process of elimination. That means you decided where the 1 went by working out all the squares that it couldn't go in.

10

Column by Column

Here is another bit of a Sudoku puzzle. You will see that the box in the middle and on the right both contain the number 1. Where does 1 go in the left-hand box?

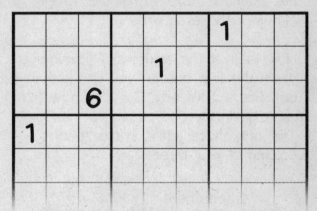

Well, you know that the top row contains the number 1, so no other square in that row can contain 1.

You know that the second row contains the number 1, so no other square in that row can contain a 1.

This leaves the third row. You can see that there are two empty squares in this row in the left-hand box. So number 1 might go in either of these squares.

Now look at the columns. If you look down the first column you can see that it contains a 1 already. So you know that 1 can't go in the first column of row three. The only place left is in the second column of row three.

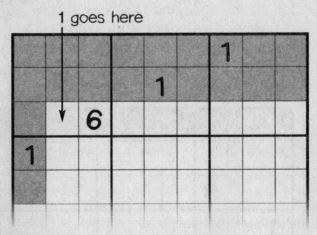

1 goes here

Box by Box

The final skill you need is to use the boxes to help you place numbers. Where does the 1 go in the right-hand box below?

3	7			1				
9	4						5	
								1
		1						

From the columns and rows, you know that number 1 does not appear in any of the squares shaded in below.

3	7			1				
9	4						5	
								1
		1						

Now use the left-hand box to help you. You know that the 1 in this box cannot be on the second row, or in the third column. That leaves two possible squares in the top row. So you know that number 1 in the left-hand box must appear on the top row.

This means that 1 cannot appear in the top row in the right-hand box. Eliminate all these squares and eliminate the ninth column because of the 1 in the fourth row.

Now you can see that there is only one square in which the 1 can go in the right-hand box.

1 goes here

?	?							
3	7			1				
9	4					↓	5	
								1
		1						

How to Use This Book

The puzzles in this book are divided into seven levels, depending on difficulty.

Tricky Testers will taunt and tantalize you as you start to Sudoku.

Perplexing Puzzlers will tickle and pickle your brain, perfecting your new-found skills.

Brain Bafflers will make you grind your teeth and roll your eyes, but keep trying and you'll solve these suckers.

Head Hurters - Finish these puzzles and you will know that you are on your way to becoming a super-stylin' Sudoku solver.

Brain Benders - If these don't boggle your brain you are guaranteed a place in the Sudoku Hall of Fame.

Mind Manglers will make mush of your gray matter, but managing these puzzles will mean you are a Sudoku genius.

Dreaded Destroyers - What can we say? These puzzles are so hard they should carry a health warning! If you can solve one of these you are Sudoku Master of the Universe.

So get Sudoku-ing. You can check your answers at the back of this book where you will find all the solutions to the puzzles.

Hot Tips and Help

1. When you start a puzzle look for rows, columns, and boxes which have lots of numbers already filled in. It is often easy to complete these.

2. Look for numbers that already appear frequently in an unsolved Sudoku grid and work out the other positions of these numbers.

3. When you place a number, it's a good idea to see if you can fill in the same number elsewhere in the grid.

4. Never just guess a number. Every puzzle in this book has all the information you need to work out where the numbers go.

5. Copy or trace over the grid opposite and use it to have another go at a puzzle if you find you have gone wrong.

6. The best way to become a super Sudoku solver is through patience and practice.

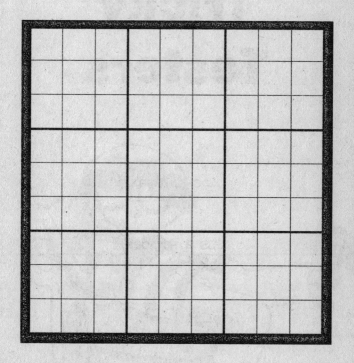

Level One:
Tricky
Testers

Level One:
Tricky Testers

Puzzle 1

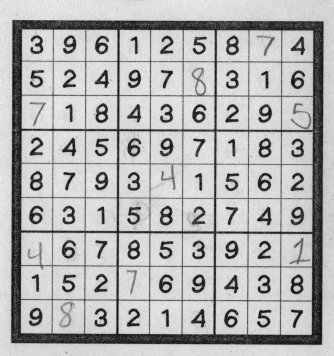

3	9	6	1	2	5	8	7	4
5	2	4	9	7	8	3	1	6
7	1	8	4	3	6	2	9	5
2	4	5	6	9	7	1	8	3
8	7	9	3	4	1	5	6	2
6	3	1	5	8	2	7	4	9
4	6	7	8	5	3	9	2	1
1	5	2	7	6	9	4	3	8
9	8	3	2	1	4	6	5	7

The answer to this puzzle
is on page 177.

19

Level One:
Tricky Testers

Puzzle 2

6	7	1	5	3	8	9	4	2
5	8	3	9	4	2	1	7	6
4	2	9	6	1	7	5	8	3
9	1	4	7	8	3	6	2	5
3	6	2	1	5	4	8	9	7
8	5	7	2	6	9	3	1	4
2	3	5	4	9	1	7	6	8
7	9	8	3	2	6	4	5	1
1	4	6	8	7	5	2	3	9

The answer to this puzzle
is on page 177.

20

Level One:
Tricky Testers

Puzzle 3

4	3	2	7	6	5	8	1	9
5	9	1	2	4	8	3	6	7
7	8	6	9	3	1	2	4	5
6	7	5	1	8	3	9	2	4
3	2	8	6	9	4	5	7	1
9	1	4	5	2	7	6	8	3
8	6	7	3	1	9	4	5	2
1	4	9	8	5	2	7	3	6
2	5	3	4	7	6	1	9	8

The answer to this puzzle is on page 177.

Level One:
Tricky
Testers

Puzzle 4

9	8	6	1	3	4	7	5	2
4	3	5	6	2	7	9	8	1
7	2	1	9	5	8	3	4	6
6	1	4	7	9	2	5	3	8
3	5	7	8	1	6	2	9	4
2	9	8	3	4	5	6	1	7
8	6	9	4	7	3	1	2	5
1	4	2	5	6	9	8	7	3
5	7	3	2	8	1	4	6	9

The answer to this puzzle
is on page 178.

22

Level One:
Tricky Testers

Puzzle 5

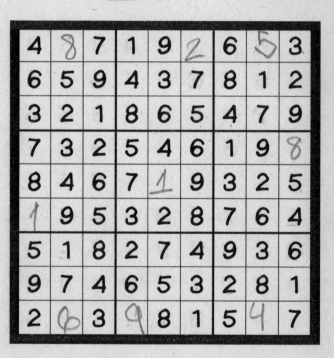

4	8	7	1	9	2	6	5	3
6	5	9	4	3	7	8	1	2
3	2	1	8	6	5	4	7	9
7	3	2	5	4	6	1	9	8
8	4	6	7	1	9	3	2	5
1	9	5	3	2	8	7	6	4
5	1	8	2	7	4	9	3	6
9	7	4	6	5	3	2	8	1
2	6	3	9	8	1	5	4	7

The answer to this puzzle
is on page 178.

Level One:

Tricky
Testers

Puzzle 6

7	6	1	2	3	4	8	5	9
3	9	5	6	8	7	2	1	4
8	2	4	5	1	9	3	6	7
6	3	8	7	4	5	9	2	1
4	5	9	8	2	1	6	7	3
2	1	7	9	6	3	4	8	5
1	7	6	4	9	8	5	3	2
9	8	3	1	5	2	7	4	6
5	4	2	3	7	6	1	9	8

The answer to this puzzle
is on page 178.

Level One:
Tricky
Testers

Puzzle 7

2	5		1	4	6	8	9	3
4	1		9	2	3	5	7	6
3	9	6	5	7	8	4		
5	4	3	7	9	2	1	6	8
6	7	9	4		1	2	3	5
8	2	1	6	3	5	7	4	9
	5	2	1	4	6	8		7
7	6	2	8	5	9		1	4
1	8	4	3	6	7		5	2

The answer to this puzzle
is on page 179.

Level One:
Tricky
Testers

Puzzle 8

8	6	7	9	4	3	1	2	5
4	2	5		1	6	9	3	8
9	3	1	2	8	5	4	7	6
5	9	4		3		8		7
1	8	2	5		7	3	9	4
6		3		9		5	1	2
2	5	9	4	7	1	6	8	3
3	4	8	6	2		7	5	1
7	1	6	3	5	8	2	4	9

The answer to this puzzle
is on page 179.

26

Level One:
Tricky
Testers

Puzzle 9

4		7	6	9	5	2	1	3
6	9	5	1	3	2	8	4	7
1	3	2	8	7	4		5	9
5	4	3	2	6		7	9	1
	7	8	5		3	4	6	
2	6	1		4	7	3	8	5
8	2		7	5	6	1	3	4
7	5	4	3	8	1	9	2	6
3	1	6	4	2	9	5		8

The answer to this puzzle
is on page 179.

Level One:
Tricky
Testers

Puzzle 10

4	9	7	8	5	1	6	2	
2	6	3	9	7	4	8	1	5
8	1	5	3	2	6	9	4	7
		9	6	8	2	1	7	4
	2	8	4		3	5	9	
6	4	1	7	9	5	2		
3	8	4	1	6	9	7	5	2
1	7	2	5	4	8	3	6	9
	5	6	2	3	7	4	8	1

The answer to this puzzle is on page 180.

28

Level Two:
Perplexing Puzzlers

Level Two:
Perplexing Puzzlers

Puzzle 11

8	1	6	5	4	9	3	7	2
2	9	3	6	7	8	4	5	1
4	7	5	2	1	3	6	9	8
7	6	8	4	6	1	5	1	4
5	2	9	9	8	2	7	6	3
3	4	1	7	3	5	8	2	9
6	3	4	1	2	7	9	8	5
9	8	2	3	5	6	1	4	7
1	5	7	8	9	4	2	3	6

The answer to this puzzle
is on page 180.

Level Two:
Perplexing Puzzlers

Puzzle 12

5	2		9	1	6	3	8	7
9	1	6	3	7	8		2	5
8	3	7	2		4	6	9	1
	6			3	9	7		
4	7		1	8	2		3	6
		5	4	6			1	
7	9	8	6		3	1	5	4
6	5		8	4	1	9	7	3
1	4	3	7	9	5		6	2

The answer to this puzzle
is on page 180.

Level Two:
Perplexing Puzzlers

Puzzle 13

	3	7	4	9		6	8	1
6	1	8		7	3	9	4	5
4	5	9				2		7
3	8		9	5	1	7	2	4
1	4	2		3		5	9	6
7	9	5	6	4	2		1	3
5		1				4	6	9
8	7	4	1	6		3	5	2
9	6	3		2	4	1	7	

The answer to this puzzle
is on page 181.

Level Two:
Perplexing Puzzlers

Puzzle 14

2	3	9	7		8	1	5	4
	7	6	4		5	2	8	
8	4	5	1		2	6	3	7
4	2	3	9		1	5	7	6
7				2				3
5	9	8	6		3	4	1	2
6	1	2	3		7	9	4	8
	8	4	2		9	7	6	
9	5	7	8		6	3	2	1

The answer to this puzzle
is on page 181.

Level Two:
Perplexing Puzzlers

Puzzle 15

5	4	2		9	8	7	1	6
1	7	6	4	2	5	9	8	
3	9		7	1	6	4	2	5
9		5	1		4			8
7			5	6	2			9
2			9		3	1		7
4	5	7	6	3	1		9	2
	2	9	8	4	7	5	3	1
8	1	3	2	5		6	7	4

The answer to this puzzle
is on page 181.

Level Two:
Perplexing Puzzlers

Puzzle 16

2	4	3	6	1		8	9	5
9	7		4	2	5	6	1	3
5	6	1	3	9	8		7	4
4	3	9	7		2			
1	2			5			4	6
		1		3	7	2		9
7	9		2	3	6	1	5	8
8	5	6	9	7	1		3	2
3	1	2		8	4	9	6	7

The answer to this puzzle
is on page 182.

Level Two:
Perplexing Puzzlers

Puzzle 17

9	3	2	7		4	1	6	5
5		1	9		2	7		3
6	7	4	3		5	9	2	8
7	5	3	8		6	2	1	4
	2			5			3	
1	6	9	4		3	8	5	7
2	4	7	6		8	5	9	1
8		6	5		9	3		2
3	9	5	2		1	4	8	6

The answer to this puzzle
is on page 182.

36

Level Two:
Perplexing Puzzlers

Puzzle 18

	1	6	2	7	9	4	5	3
3	5	2	1	8		6	9	7
7	4	9	5	3	6	2		1
1	6			7	3	2		
	9	3		4		7	1	
	7	8	3				6	5
9		1	4	2	8	5	7	6
5	8	7		6	3	1	4	2
6	2	4	7	5	1	8	3	

The answer to this puzzle
is on page 182.

Level Two:
Perplexing Puzzlers

Puzzle 19

1		9		7		6	2	8
2	3	6	5	8	9	1	7	
7	4	8	1	6		3	9	5
5	8		4			9	6	7
4	9	7		1		2	5	3
6	2	3			5		4	1
3	7	2		5	1	4	8	9
	6	4	9	3	7	5	1	2
9	1	5		4		7		6

The answer to this puzzle
is on page 183.

Level Two:
Perplexing Puzzlers

Puzzle 20

8	5		9			7	3	2
9	4	2		1	3	6	8	5
7	3	6	2	8	5	4	1	
1	7	4	6			9	5	3
6		8		3		1		4
5	2	3			1	8	6	7
	6	9	8	7	2	5	4	1
4	1	7	3	5		2	9	8
2	8	5			9		7	6

The answer to this puzzle
is on page 183.

Level Two:
Perplexing Puzzlers

Puzzle 21

5	1	6	7	2		8	4	9
7		2	8	1	9	6	3	5
9	8	3	6	5	4	2		1
3	9				8	5		
2		1	9	4	7	3		6
		8	5				1	7
6		9	3	7	1	4	5	8
1	3	5	4	8	6	7		2
8	7	4		9	5	1	6	3

The answer to this puzzle
is on page 183.

Level Two:
Perplexing
Puzzlers

Puzzle 22

6	3	4	9			1		2
7	5	9	2	6		4	8	3
	2	1		7	3	6	5	9
1	9	5		4	2	7	6	8
2	6			1			9	4
4	8	7	5	9		2	3	1
5	7	8	1	2		3	4	
9	1	6		3	4	8	2	5
3		2		8	9	1	7

The answer to this puzzle
is on page 184.

Level Two:
Perplexing Puzzlers

Puzzle 23

5	4	2	3		9	1	8	6
7	6	8	2	5	1	9	3	
9		3	6	8	4	7	5	2
	8	5		3	7	4	2	
	9			6			7	
	2	7	1	4		5	6	
4	7	1	8	2	6	3		5
	5	9	7	1	3	6	4	8
8	3	6	4		5	2	1	7

The answer to this puzzle
is on page 184.

42

Level Two:
Perplexing Puzzlers

Puzzle 24

8	2	4	3		1	5	7	9
7		5	2	4	9	3	8	1
1	3	9	8	5	7		2	4
5		8	1	7	6			2
	7			3			1	
4			9	2	8	7		5
2	4		7	1	5	8	9	3
3	8	7	4	9	2	1		6
9	5	1	6		3	2	4	7

The answer to this puzzle
is on page 184.

Level Two:
Perplexing Puzzlers

Puzzle 25

5	3	9		6		7	4	2
1	6	7		9	2	3	8	5
8	4				3	9		6
7	2	8	3	4		5	6	1
	9	1	6	8	5	4	2	
4	5	6		1	7	8	3	9
6		5	1				9	4
9	1	3	7	2		6	5	8
2	8	4		5		1	7	3

The answer to this puzzle
is on page 185.

Level Three:
Brain
Bafflers

Level Three:
Brain Bafflers

Puzzle 26

8	6	9		5		7	1	4
3	5	2	1		7	8	9	6
7	4			9			3	2
9	8		5	2	4		7	1
				7				
1	7		6	3	8		2	9
2	1			6			5	7
4	9	7	2		5	1	6	3
5	3	6		1		2	4	8

The answer to this puzzle
is on page 185.

46

Level Three:

Brain Bafflers

Puzzle 27

6	1	8	9	3	4	5	2	7
2	7			5			9	8
3	9	5	7		8	1	6	4
5	3						1	6
		8	1	6				
1	8						4	2
7	6	3	5		2	4	8	1
8	5			6			7	9
9	4	2	1	8	7	6	5	3

The answer to this puzzle
is on page 185.

47

Level Three:
Brain Bafflers

Puzzle 28

3	1			7			4	2
9	2	5	8		6	3	1	7
7	6	4	3		2	5	9	8
	8	9		3		2	6	
6				9				5
	4	1		5		7	3	
1	5	7	9		3	4	2	6
4	9	6	7		1	8	5	3
8	3			6			7	1

The answer to this puzzle
is on page 186.

48

Level Three:
Brain Bafflers

Puzzle 29

	2	8	5		9	7	3	
4	7	6	3		2	5	8	9
5	3	9		8		1	2	4
7	1	4				9	5	8
			9					
6	9	3				4	1	2
9	6	1		5		2	7	3
3	8	7	9		1	6	4	5
	4	5	7		6	8	9	

The answer to this puzzle
is on page 186.

49

Level Three:
Brain Bafflers

Puzzle 30

2	6	3	4	9	5	1	8	
	9			6	1	2	4	5
	5	1	8	7	2	9	3	6
		2					6	9
	7		9	2	4		5	
5	3					7		
9	1	5	2	4	8	6	7	
6	2	7	5	3			1	
	8	4	6	1	7	5	9	2

The answer to this puzzle
is on page 186.

50

Level Three:
Brain
Bafflers

Puzzle 31

2		9		5				
5		7	8	6	1	9	4	2
8		4		9	7	1		3
3	4	5		2	8	6	1	7
9		6		7		5		4
7	8	1	5	4		2	3	9
6		8	7	3		4		1
4	5	3	6	1	2	7		8
			8			3		5

> The answer to this puzzle
> is on page 187.

51

Level Three:
Brain Bafflers

Puzzle 32

1						8	6	7
	2			6	5	9	3	1
3	6		7		8		5	4
9	7	2		4	3	5	1	6
8	5		1	7	6		2	9
6	1	3	9	5		4	7	8
2	8		6		4		9	5
4	3	7	5	9			8	
5	9	6						3

The answer to this puzzle
is on page 187.

Level Three:

Brain
Bafflers

Puzzle 33

	5		4	8		6		
	2	6		5		4	3	
3	8	4		2	9	1	7	5
6	7	9		1	5	2	8	4
	4	8		7		3	5	
5	3	2	8	4		7	9	1
4	1	5	7	3		9	6	2
	9	7		6		8	4	
		3		9	4		1	

The answer to this puzzle
is on page 187.

Level Three:
Brain Bafflers

Puzzle 34

2				7	9	4	8	
1		8	5	3	4	2	9	7
9		7	2	1	8	5	6	3
5		2			6	9		
	8	6		9			3	5
		9	8			6		4
6	9	4	7	8	3	1		5
8	2	5	4	6	1	7		9
	7	1	9	5				6

The answer to this puzzle
is on page 188.

54

Level Three:
Brain Bafflers

Puzzle 35

4	8	1				6	7	2
7	2	9	6		4	8	3	5
5		6		7		1		9
8		5	3		6	4		1
	6		8	4	1		9	
9		4	7		5	3		8
3		7		5		9		6
1	9	8	4		7	2	5	3
6	5	2				7	1	4

The answer to this puzzle
is on page 188.

Level Three:
Brain
Bafflers

Puzzle 36

			7		1		8
8		1	3	9	2	4	6	7
2	6	7	1		8	9	5	3
4	1					8	9	5
9	7	3		5		6	4	2
5	8	2					3	1
1	2	9	5		6	3	7	4
7	3	8	9	2	4	5		6
6		5		1				

The answer to this puzzle
is on page 188.

56

Level Three:
Brain Bafflers

Puzzle 37

3	9	4	2	1		5	7	8
	7	8	9	4	3	2	6	
2	6	1	5	7		4	3	9
8				2			4	
	1			6			5	
	4			3				2
4	2	6		9	1	7	8	5
	5	9	4	8	2	6	1	
1	8	3		5	7	9	2	4

The answer to this puzzle is on page 189.

Level Three:
Brain Bafflers

Puzzle 38

6	4	9	2	1	8	7	3	5
8		1	7	9	5	6		2
5	2	7	3		6	8	9	1
3								8
			4	6	2			
9								6
1	7	6	8		4	9	5	3
4		3	6	5	1	2		7
2	8	5	9	3	7	1	6	4

The answer to this puzzle is on page 189.

Level Three:

Brain Bafflers

Puzzle 39

3	6	8	1	5	4	9	7	
	9	5	3	2	7	4	8	6
		7	9		8	1		
		2	7	9		8	1	
	7		8	3	2		5	
	8	9		1	6	7		
		6	5		3	2		
8	5	4	2	7	9	3	6	
	2	3	6	8	1	5	4	7

The answer to this puzzle
is on page 189.

Level Three:
Brain Bafflers

Puzzle 40

9			1	7	2			3
5		3	8	4	9	7	1	6
1			5	3			9	2
8	9		4	6	5	3	2	1
			9	8	7			
6	4	5	2	1	3		7	8
7	1			5	4			9
3	8	2	7	9	1	6		4
4			6	2	8			7

The answer to this puzzle
is on page 190.

Level Three:
Brain Bafflers

Puzzle 41

2		9	5		6	4		1
7	5	1		4		8	6	9
6	8	4	7		1	5	3	2
5		7				9		6
	9		6	7	4		8	
8		3				1		7
4	2	5	9		7	6	1	8
3	7	8		6		2	9	4
9		6	4		8	7		3

The answer to this puzzle is on page 190.

61

Level Three:
Brain Bafflers

Puzzle 42

3	8	6	7	2	4	9		1
5	7		1	8	9	3	6	2
1			6	3				8
9			4	5	7			
7		8	3	1	2	5		4
			8	9	6			3
6			9	7				5
4	5	7	2	3	8		1	9
8		9	6	4	5	2	3	7

The answer to this puzzle is on page 190.

1	5	3	2		4	6	9	8
2	8	9	1		6	5	4	7
	7	4				2	3	
7		2		1		9		5
	4		8	6	9		7	
9		8		2		3		4
	2	6				7	5	
8	3	7	5		2	4	1	6
5	9	1	6		7	8	2	3

The answer to this puzzle
is on page 191.

Level Three:
Brain Bafflers

Puzzle 44

5	6	1	4	9	8	7	2	3
	3	8				4	5	
4	9	2				6	1	8
8	4	5	6		3	9	7	2
				2				
2	1	9	7		5	8	3	6
9	2	7				5	6	4
	5	3				2	8	
1	8	4	2	5	6	3	9	7

The answer to this puzzle
is on page 191.

64

Level Three:
Brain Bafflers

Puzzle 45

3	8	6				7	5	9
5		9				4		1
4	1	2	9		7	6	3	8
8	5	1	6	7	2	3	9	4
				9				
9	6	7	3	4	5	1	8	2
6	3	8	4		1	9	7	5
7		4				2		3
1	2	5				8	4	6

The answer to this puzzle
is on page 191.

65

Level Three:
Brain Bafflers

Puzzle 46

8	5	3	2	9	7	1	4	
			5		1	8	2	
		1	3	4	8	7		9
3	2	9	4	7	5	6		1
		4		3		2		
6		8	1	2	9	4	3	5
4		5	7	1	2	3		
	3	6	9		4			
	8	2	6	5	3	9	1	4

The answer to this puzzle
is on page 192.

Puzzle 47

	5	7		3		8	2	
9	6	1				3	5	7
8	3	2	9		5	1	4	6
	8	4	3	9	6	2	7	
			5	1	7			
	1	3	8	4	2	6	9	
3	7	8	2		9	5	1	4
1	4	5				9	6	2
	2	9		5		7	3	

The answer to this puzzle
is on page 192.

Level Three:
Brain Bafflers

Puzzle 48

7	5	6		3	4	9	8	1
8	3	4		1	6	5		7
1		9		5		3	4	6
	6	1		2		7		3
9				7				2
2		5		9		4	1	
6	9	2		8		1		4
3		8	7	4		2	6	5
5	4	7	1	6		8	3	9

The answer to this puzzle
is on page 192.

Level Three:
Brain Bafflers

Puzzle 49

7	8	3	2		1	6	9	5
	9	1				4	7	
4	5	6	9		8	3	1	2
3		8		9		2		4
5	4			8			6	3
6		9		3		7		1
9	3	2	8		6	5	4	7
	7	5				8	3	
8	6	4	7		3	1	2	9

The answer to this puzzle
is on page 193.

Level Three:
Brain Bafflers

Puzzle 50

9	7	3	1		5	2	4	6
	6	4	9		2	5	1	
1	5	2	7		6	3	9	8
		6		9		8		
	8		6	2	1		3	
		9		7		6		
4	3	1	8		9	7	5	2
	2	8	4		3	1	6	
6	9	5	2		7	4	8	3

The answer to this puzzle
is on page 193.

Level Three:
Brain Bafflers

Puzzle 51

2	6	3	5		1	7	8	4
8	1	7	2		4	9	3	5
9	4		8		3		2	1
			4	2	5			
5		1		8		3		6
			1	3	6			
6	5		3		7		9	2
1	9	2	6		8	4	7	3
7	3	4	9		2	5	6	8

The answer to this puzzle
is on page 193.

Level Three:
Brain Bafflers

Puzzle 52

6	3		5	8	4	2	9	1
		8	7	1	2	6		
1			3		9			
7	8	1	2	3		5	4	9
5		9	1	4	7	3		8
4	6	3		9	5	7	1	2
		6		1				5
	5	4	7	8	1			
8	1	6	9	5	3		2	7

The answer to this puzzle
is on page 194.

Brain Bafflers

Puzzle 53

4	2	9	7	8	5	6	1	3
5		8				9		4
6	7	3	4		1	8	2	5
3		6				2		7
	8		9	3	2		5	
1		2				4		8
8	6	5	1		9	3	4	2
2		1				7		9
9	4	7	3	2	6	5	8	1

The answer to this puzzle
is on page 194.

Level Three:
Brain
Bafflers

Puzzle 54

1		5		6		4		9
7	8	9	3		4	2	6	5
2	6	4	5		7	8	1	3
5		7				1		8
6	4			8			3	2
8		3				9		6
9	7	8	1		6	3	2	4
4	1	6	8		3	5	9	7
3		2		4		6		1

The answer to this puzzle
is on page 194.

74

Level Three:

Brain
Bafflers

Puzzle 55

			5	8		4	6	
4		6	3	9	2	5	7	8
	5	8	6	7	4	3	2	1
3		1	8	6		9		
	4	9		2		6	1	
		7		1	9	2		3
6	3	5	1	4	7	8	9	
1	8	2	9	5	6	7		4
	9	4		3	8			

The answer to this puzzle is on page 195.

Level Four:
Head
Hurters

Level Four:
Head
Hurters

Puzzle 56

7	4		8					
8				5			9	2
3			1	7				
6	3	4	7	9		2	5	8
	5	9				4	6	
2	7	8		5	4	9	3	1
				6	7			9
9	1		3					5
					8		4	6

The answer to this puzzle
is on page 195.

Level Four:
Head
Hurters

Puzzle 57

		3	7		5			
				8				1
1		8		2		3		7
4	3	2	8	7		6	9	5
8	7						2	3
6	1	9		3	2	4	7	8
3		4		5		8		6
2				4				
			6		3	5		

The answer to this puzzle
is on page 195.

Level Four:
Head Hurters

Puzzle 58

	6			8		9	3	
	3	5			1	8	7	
8	7							
2	4	7	9	6	8		5	3
	8						9	
5	9		7	3	4	6	2	8
							6	2
	2	4	6			7	8	
	5	6		2			4	

The answer to this puzzle
is on page 196.

Level Four:
Head
Hurters

Puzzle 59

5		6	3	8	2			1
	8			4	6			
			5	7	9			4
3			2		8	6	5	7
			9		5			
2	6	5	7		4			9
6			4	2	7			
			8	5		2		
7			6	9	3	4		8

The answer to this puzzle
is on page 196.

80

Level Four:
Head
Hurters

Puzzle 60

			4	9	6		3	
5	2		8	7	1			
6		9		5	2			8
	8		6	4	7	9		
			2		5			
		6	1	8	9		7	
7			9	1		8		5
			7	6	8		9	4
	1		5	2	4			

The answer to this puzzle
is on page 196.

Level Four:
Head
Hurters

Puzzle 61

	3			2		9		
		8				5		2
6	2	7	5	9	3	8	4	
		4		5		6		
2		3	9		6	4		7
		5		1		2		
	4	6	8	3	5	7	2	9
8		2				3		
		9		4			8	

The answer to this puzzle
is on page 197.

Level Four:
Head Hurters

Puzzle 62

			5			4	1
	7	6				2		3
			6	2			8
8	6	4		3	7	5	1	9
5	1					6	7
7	3	9	6	1		8	2	4
6			8	7				
3		8			4	7	
1	4			2				

The answer to this puzzle
is on page 197.

83

Level Four:
Head
Hurters

Puzzle 63

			6	9	1			
7	4	3	8		5	9	1	6
			3	7	4			
8	6			4			3	9
			9		3			
3	1			6			2	7
			4	5	9			
2	5	1	7		6	8	9	4
			1	8	2			

The answer to this puzzle is on page 197.

84

Level Four:
Head Hurters

Puzzle 64

	3				4			
	8	4	6	2	3	9	7	5
	9	5				6	3	
5	7		2		1		6	
	2						1	
	6		3		9		2	8
	5	9				8	4	
6	4	2	5	3	8	7	9	
			4				5	

The answer to this puzzle
is on page 198.

Level Four:
Head
Hurters

Puzzle 65

3	6						9	5
4		2				7		1
9	1	7	3		5	8	6	2
6				2				9
	3						7	
8				1				3
2	8	1	5		6	9	4	7
5		6				3		8
7	9						1	6

The answer to this puzzle
is on page 198.

Level Four:
Head
Hurters

Puzzle 66

		6			5		
	2	9				7	1	
7	5	4	6		8	3	9	2
		8	1	9	2	6		
			5		6			
		3	7	8	4	1		
1	3	2	9		5	8	6	7
	8	7				2	4	
		5			9			

The answer to this puzzle
is on page 198.

Level Four:
Head
Hurters

Puzzle 67

		8				5		
4			3	2	5			7
			7	6	8			
5	7	3	4		6	8	9	2
9	6						4	5
8	4	2	5		9	7	1	6
			2	9	7			
2			6	5	4			9
		5				2		

The answer to this puzzle
is on page 199.

Level Four:
Head Hurters

Puzzle 68

	5		4					3
6				5				9
	4	9	1	6				
4	8	6		9	7	3	1	5
5		7				6		8
3	2	1	6	8		7	9	4
				2	1	8	4	
1				3				7
2					6		3	

The answer to this puzzle
is on page 199.

Level Four:
Head
Hurters

Puzzle 69

7					3		4	
3				5			1	
		8		2			5	
6	3	7		8	2	5	9	4
9	4		6		5		7	8
2	8	5	9	7		1	3	6
	2			9		7		
	9			6				1
	7		2					3

The answer to this puzzle
is on page 199.

90

Level Four:
Head Hurters

Puzzle 70

7	2	6	4	3		8	5	9
5	4						6	3
3			9					2
		5		9				6
6		8				9		7
4		8		7				
9			5					8
2	3						1	4
8	6	4		7	2	3	9	5

The answer to this puzzle
is on page 200.

	3		4	9				8
1	8		3	7	6			
7			8	2	5			
	5	3	7		9		6	
4			2		3			5
	1		5		8	7	4	
			6	5	2			1
			9	8	4		5	7
6				3	7		2	

The answer to this puzzle
is on page 200.

Level Four:
Head Hurters

Puzzle 72

6	7	1	8	9		4	5	2
4			6					8
2		3				1		6
				6			1	5
8			5		1			7
1	6			4				
7		6				2		4
9					4			1
5	2	4		8	6	7	3	9

The answer to this puzzle
is on page 200.

93

Level Four:
Head Hurters

Puzzle 73

	4	3	8	9	6			
2			1		4	8		6
			5	7	2	1		
8			7	6		4		
3			9		5			8
		4		1	8			9
		1	4	2	7			
4		8	6		9			7
			3	8	1	9	2	

The answer to this puzzle
is on page 201.

Puzzle 74

			6	8	2	1		
	8	5	4		9		7	
9			3	5	7		4	6
			9	7	8	2		
1								3
		8	1	3	4			
5	2		8	9	1			4
	9		7		3	5	6	
		1	5	4	6			

The answer to this puzzle
is on page 201.

Head Hurters

Puzzle 75

		4	5	9		7	3	6
	5		6					
			3		5			
5	6	8	9	7		3	4	2
3		7				8		9
1	2	9		4	8	6	7	5
	6		8					
			5		4			
4	8	3		1	6	9		

The answer to this puzzle
is on page 201.

Level Four:
Head Hurters

Puzzle 76

	7	5	4				3	
8	6	9	2	3		5	7	4
	3						6	2
				6			4	3
	2		8		4		5	
7	5			2				
1	9						8	
3	4	2		8	5	6	9	7
	8				9	3	2	

The answer to this puzzle
is on page 202.

Level Four:
Head
Hurters

Puzzle 77

	5		6	2	9			
2			3		5	9		
6		9	4	7	8	5		
7		8	5				6	9
			8		2			
5	6				7	8		4
		5	7	8	6	4		3
		4	2		1			8
			9	5	4		1	

The answer to this puzzle
is on page 202.

98

Level Four:
Head Hurters

Puzzle 78

4	6	1	8	7		9	5	2
3	2						1	8
8			9					4
				6		8		7
6			1		9			5
5		3		2				
7					4			3
2	3						7	9
9	1	8		5	7	4	2	6

The answer to this puzzle
is on page 202.

99

Level Four:
Head
Hurters

Puzzle 79

	5	1			8		9	
4	9		5	6	1	8	7	2
	8							5
8	6			2			5	
	2		3		6		4	
	7			4			2	1
9							6	
2	1	6	9	7	5		8	4
	4		6			2	1	

The answer to this puzzle
is on page 203.

Level Four:
Head
Hurters

Puzzle 80

5	9	3	2		7	6	8	4
	7			5			3	
6	4						7	5
	3	9				8	5	
			8		6			
	2	6				4	9	
3	5						4	8
	6			8			1	
9	8	4	3		1	5	6	7

The answer to this puzzle
is on page 203.

	6					3	8	
7		3				6		9
8	1	9	6	7	3	5	4	
		4		2		7		
		5	4		7	1		
		7		1		9		
	7	1	3	8	5	4	9	6
5		6				8		3
	9	8					5	

The answer to this puzzle
is on page 203.

Level Four:
Head Hurters

Puzzle 82

			5		9			
	5		8		3	7	6	
	8			4	7			
8	4	5	2	9	6		7	3
		7	4		5	9		
2	9		3	7	8	4	5	6
			7	5			8	
	1	6	9		4		3	
			6		2			

The answer to this puzzle
is on page 204.

Level Four:
Head
Hurters

Puzzle 83

3		8	4	7	6	5	9	2
4				8				
9					3			6
8		7		2				3
2	4		1		8		7	9
5				6		4		8
6			7					5
				3				7
7	8	5	6	9	2	3		4

The answer to this puzzle
is on page 204.

Level Four:

Head Hurters

Puzzle 84

			5		6			
			1	9	4	3		
	6		7	3	8			
3	5	7		6		4	8	9
	1	6	8		9	7	5	
9	4	8		5		1	2	6
			6	7	2		1	
		9	4	8	3			
			9		5			

The answer to this puzzle is on page 204.

Level Four:
Head Hurters

Puzzle 85

3		1	4		5	9		7
	8		7	3	6		2	
		4	1	8	9	5		
			5		3			
4		8				1		5
			8		4			
		5	9	4	1	6		
	4		3	7	2		5	
9		7	6		8	3		4

The answer to this puzzle
is on page 205.

106

Level Four:
Head Hurters

Puzzle 86

	9		8					
	6	3	2	7	4	9	5	8
	4			5			6	
	5			4			9	1
	7	9	5		1	6	8	
8	1			9			4	
	3			8			7	
9	8	5	7	3	6	4	1	
				5			3	

The answer to this puzzle
is on page 205.

Level Four:
Head Hurters

Puzzle 87

	5	1				9		
		7	4			5		8
9	2	8		6	5	3	4	7
		5		9			8	
		3	6		8	4		
	6			1		7		
3	1	9	8	5		6	7	4
2		6			1	8		
		4				2	9	

The answer to this puzzle is on page 205.

108

Level Four:
Head Hurters

Puzzle 88

	4				3		2	
1	8	6	9	7		5	3	4
	5			1			8	
8				3			7	
	6	3	5		1	8	9	
	9			8				6
	1			9			5	
2	7	5		6	8	9	4	3
	3		7				6	

The answer to this puzzle is on page 206.

Level Four:
Head Hurters

Puzzle 89

			9					
6								9
4	5	9	7		1	3	8	6
3	4	2				8	1	5
	8	1	5		4	6	7	
5	7	6				9	3	4
7	9	3	6		8	5	2	1
2								8
			1					

The answer to this puzzle
is on page 206.

Level Four:
Head Hurters

Puzzle 90

				6				
5		1		4	2	9		
6			5	1			4	
9	8	7	3	5		2	6	4
	5	6				7	9	
4	3	2		9	6	5	8	1
	4			8	9			7
		9	2	7		6		8
				3				

The answer to this puzzle
is on page 206.

Level Four:
Head
Hurters

Puzzle 91

	5		9	7	3		6	
			2		6			
9			4	8	5			7
7		9	8		4	6		3
	6	5				4	7	
4		2	7		9	1		8
6			3	2	1			4
			5		8			
	8		6	4	7		9	

The answer to this puzzle
is on page 207.

Level Four:
Head Hurters

Puzzle 92

		1	2	6	8			
		4	5		9			2
		6	7	3	4			9
4			3	8	2		1	
	8	7				9	3	
	3		6	9	7			8
9			4	7	3	8		
6			8		1	5		
			9	5	6	2		

The answer to this puzzle
is on page 207.

113

Level Four:

Head Hurters

Puzzle 93

	1	7	6	5	9	4	8	
	3		2	4	7		6	
		6	3		8	2		
			4		5			
9	8						4	7
			8		6			
		8	5		1	7		
	5		7	2	4		9	
	6	2	9	8	3	5	1	

The answer to this puzzle
is on page 207.

Level Four:

Head Hurters

Puzzle 94

7	5	3	2		6	8	9	4
		8				1		
		2		3		7		
	4	7	9		3	6	5	
			8		5			
	9	5	6		1	4	3	
		4		8		3		
		6				9		
1	7	9	3		4	5	8	2

The answer to this puzzle
is on page 208.

Level Four:
Head Hurters

Puzzle 95

	7						6	
8	3		2	9	6	5	4	7
	9	4		5		2		
	6			7			8	
	2	5	9		1	4	3	
	8			3			2	
		8		6		3	5	
9	4	6	5	2	3		7	8
	5						9	

> The answer to this puzzle
> is on page 208.

Level Five:
Brain Benders

Level Five:
Brain Benders

Puzzle 96

6		5	9	1	3	7		8
		9				3		
3		4				9		6
	8	3				1	6	
			8		4			
	9	7				5	8	
9		2				6		5
		8				4		
7		6	5	3	2	8		1

The answer to this puzzle
is on page 208.

118

Level Five:
Brain Benders

Puzzle 97

5	7	1	6		9	4	3	8
			4	5	1			
		4				2		
		9				5		
6		3	5		4	1		9
		7				8		
		6				3		
			1	6	3			
3	1	8	9		2	6	5	7

The answer to this puzzle
is on page 209.

Level Five:
Brain Benders

Puzzle 98

3	6	1				7	4	2
2	9						6	3
	4		3		2		9	
	8			1			3	
			8		6			
	5			7			1	
	7		6		1		8	
8	2						5	1
1	3	9				4	7	6

The answer to this puzzle
is on page 209.

120

Level Five:
Brain Benders

		7						2
	2							6
	4			2	1	5	7	
2		4	3	7	5			
6	3	8	2		4	7	9	5
		9	8	6	2			4
	7	2	6	3			5	
5							8	
8					4			

The answer to this puzzle
is on page 209.

Level Five:
Brain Benders

Puzzle 100

				6	5			
9	3	4		8	1	5		
				9			7	1
7		9	6	4	3	1		
			9		8			
		1	5	2	7	8		3
3	9			5				
		8	1	3		4	5	9
			8	7				

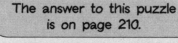

The answer to this puzzle
is on page 210.

122

Level Five:
Brain Benders

Puzzle 101

	6	2		1		3	7	
	8						9	
5	3	9		8		1	6	2
	9			4			8	
		1		9				
	7			3			5	
6	1	8		5		9	4	3
	4						2	
	5	7		9		8	1	

The answer to this puzzle
is on page 210.

123

Level Five:
Brain Benders

Puzzle 102

	8		6					
7	6	8	9					
2	9	1		7			3	
		6	3	1	4			
1		3	7		9	6		5
	9	5	4	8				
3			8			1	5	7
			5	4	2	6		
			1		3			

The answer to this puzzle
is on page 210.

124

Level Five:

Brain Benders

Puzzle 105

3				9				
				6		1	4	
2				4	8	5		3
		5	3	7	2			8
8	7		9		4		6	5
1			6	8	5	7		
4		7	8	5				1
	9	1		2				
				3				4

The answer to this puzzle is on page 211.

Level Five:
Brain Benders

Puzzle 106

7	2		4	3	6	8	5	9
		5						2
6				1	5			
			3				2	
8	7		6		9		4	5
	4				1			
			5	9				3
2						5		
3	5	9	8	4	7		6	1

The answer to this puzzle is on page 212.

Level Five:
Brain Benders

Puzzle 107

		5					3	6
7	8	4	3				9	
	6	9		4	2	7	5	
	7				3		4	
	4						8	
	3		9				1	
	1	3	2	7		5	6	
	9				1	8	7	3
6	5					1		

The answer to this puzzle
is on page 212.

Level Five:
Brain Benders

Puzzle 108

7				3	6		9	8
			9	7		2		
				4	2	1		6
		1	7	2	3	9		
			8		4			
		3	6	5	9	4		
1		7	4	6				
		2		9	7			
3	6		2	8				9

The answer to this puzzle
is on page 212.

Level Five:
Brain Benders

Puzzle 109

2		5		1	8	7		
	9		5	7				
		3		4	6		1	
			8	5	1	4		
	5		2		4			8
		2	7	6	9			
	1		4	2		6		
				9	5		4	
		9	6	8		1		3

The answer to this puzzle
is on page 213.

Level Five:
Brain Benders

Puzzle 110

5	3		6					7
2				3	7			5
9	1							
8		3		4	2	7		9
7	4						1	6
1		2	5	7		4		8
							7	1
6			7	1				4
4					8		6	2

The answer to this puzzle
is on page 213.

Level Five:
Brain Benders

Puzzle 111

	3	7	4	2	1	8	9	
4		9		3		2		1
				8				
			7	4	9			
	7		6		2		3	
			8	5	3			
				6				
3		8		7		6		9
	6	2	1	9	8	3	7	

The answer to this puzzle
is on page 213.

Level Five:
Brain Benders

Puzzle 112

9	4	8		3	7	2	6	5
1		6		4	8		7	
5								
	5			8				7
		2				8		
4				9			5	
								6
	6		8	2		9		3
2	3	4	9	7		5	8	1

The answer to this puzzle is on page 214.

134

Level Five:
Brain Benders

Puzzle 113

		7		6				
	3		5	4		7	6	
	9			8	2		4	
3			4	5	6	2	9	
			2		8			
	2	4	3	7	9			1
	4		6	2			3	
	6	5		3	4		7	
				9		4		

The answer to this puzzle is on page 214.

Level Five:
Brain Benders

Puzzle 114

	5	6				4	7	
				7				
9	7						8	3
6			2	5	8			7
5	2	7	4		3	8	6	9
3			6	9	7			5
1	9						5	8
				3				
	6	3				7	9	

The answer to this puzzle is on page 214.

Level Five:

Brain Benders

Puzzle 115

		4				2		
	5			6			9	
8	6						4	5
6	3	8	9		7	1	5	4
		1				6		
7	4	5	8		6	9	3	2
2	8						6	1
	1			4			7	
		7				5		

The answer to this puzzle
is on page 215.

Level Five:

Brain Benders

Puzzle 116

8	2	4			1		9	
3	5				7			8
7	6	9		8				
2	3			4				
9			1		2			4
				5			3	7
				1		4	7	6
6			4				2	3
	4		6			5	8	9

> The answer to this puzzle is on page 215.

7	3	6	1	2				
		5		7	6	3		
2				3			7	
	2		8	5	3			4
			9		7			
9			2	6	4		8	
	7			4				1
		8	3	9		5		
				8	5	6	4	9

The answer to this puzzle
is on page 215.

Level Five:
Brain Benders

Puzzle 118

	9	4		3		5	8	
	3			6			9	
	5		9		4		6	
2	4						7	5
		3	6		7	8		
7	8						3	9
	6		1		3		4	
	7			8			5	
	2	8		5		9	1	

The answer to this puzzle
is on page 215.

Level Five:
Brain Benders

Puzzle 119

4			6	7			8	
1			8					3
						7	9	6
			3	8	7	9		
8	2	7	9		6	5	3	4
		3	4	2	5			
3	9	8						
6					3			8
	5			6	8			9

The answer to this puzzle
is on page 216.

141

Level Five:
Brain Benders

Puzzle 120

5				9				3
	8	3				4	7	
			2		3			
8	9	4	5		6	2	3	7
		5				1		
6	2	1	7		9	5	8	4
			3		8			
	5	6				3	2	
7				2				5

The answer to this puzzle
is on page 216.

Level Five:
Brain Benders

Puzzle 121

5				3				7
7		8				3		6
1			8		7			2
			6	8	4			
8	7	9	3		5	6	2	4
			9	7	2			
4			2		3			5
3		5				2		9
9				6				8

The answer to this puzzle
is on page 216.

143

Level Five:
Brain Benders

Puzzle 122

6			9		4		1	3
	2		7	8	1	9	5	
			6	5	3			4
	7				5			
		6				3		
			1				9	
2			5	1	6			
	6	5	8	3	9		4	
3	1		2		7			8

The answer to this puzzle is on page 216.

144

Level Five:
Brain Benders

Puzzle 123

3		6			7	2		
		9		5		6		
2	4	5	6	9	3	7		
				4		8	7	
		8				5		
	9	2		3				
		4	9	2	6	3	5	7
		7		8		4		
		3	1			9		8

The answer to this puzzle
is on page 217.

Level Five:
Brain Benders

Puzzle 124

2	4			5			7	9
3		1		7		5		8
8								4
4	2						6	3
		3	9		7	8		
5	7						9	1
9								6
6		5		3		2		7
7	3			6			1	5

The answer to this puzzle is on page 217.

Level Five:
Brain Benders

Puzzle 125

	6	5	7	9				
	2	4		5	3		9	7
8	7						5	
	8	3	2				7	
	9						8	
	5				9	3	4	
	3						6	1
2	4		9	8		7	3	
			6	4	9	2		

The answer to this puzzle is on page 217.

Level Five:
Brain Benders

Puzzle 126

2				8				4
	9	4	5	1			2	3
			2	9				
		2	4	5	3	1		
		3	7		8	4		
		7	9	6	1	8		
				7	5			
4	1			3	9	2	7	
6				4				8

The answer to this puzzle
is on page 217.

148

Level Five:
Brain
Benders

Puzzle 127

5	9			3				
3		6		8	7			
7			1	4	5	6		
	8		2	6	9			7
			7		3			
6			4	5	8		1	
		7	3	2	6			8
			8	7		2		5
				9			7	3

The answer to this puzzle
is on page 218.

Level Five:
Brain Benders

Puzzle 128

9			4	8	3			7
				6				
		6	7	2	5	3		
	5			7			6	
3	6	7	5		8	4	9	2
	9			3			8	
		2	3	5	1	9		
				4				
7			8	9	2			6

The answer to this puzzle is on page 218.

150

Level Five:
Brain Benders

Puzzle 129

			8	4	5			1
8		5	1	3	7			
			6	5	9	4		
		8						4
	2	7	8		3	1	5	
1						8		
		4	3	9	8			
			5	7	6	3		2
5		3	4	1				

The answer to this puzzle
is on page 218.

Level Five:
Brain Benders

Puzzle 130

	5	8		6	4			
	4	1	2	7		3		
				5				
				2	5		3	8
5	8	3	6		9	4	2	7
7	9		8	4				
				9				
		4		3	7	8	9	
			4	8		2	7	

The answer to this puzzle
is on page 218.

Level Five:
Brain Benders

Puzzle 131

6								4
			4	3	2			
	1		5		9		3	
4	6	2		8		9	7	1
	5	3				4	8	
8	9	7		2		3	5	6
	4		2		7		9	
			6	4	3			
7								3

The answer to this puzzle
is on page 219.

Level Five:
Brain Benders

Puzzle 132

6	5	9		8			1	
8	1	2	7		4			
7	4		5	6				
		1		4			7	
		7				2		
	6			2		4		
				7	2		4	5
		1			9	8	2	6
	8			3		1	9	7

The answer to this puzzle
is on page 219.

154

Level Five:
Brain Benders

Puzzle 133

		6	4	7		8		2
			2	9				
			8	6				9
5				3	4			1
3	2	9	6		8	5	7	4
7			2	9				6
2			1	4				
			8	5				
8		1		6	3	4		

The answer to this puzzle
is on page 219.

Level Five:
Brain Benders

Puzzle 134

8	7						6	4
	6			8			5	
5	3						8	1
			7	5	6			
7	5	6	9		3	1	4	8
			1	4	8			
2	8						1	6
	9			3			2	
4	1						9	3

The answer to this puzzle is on page 219.

Level Five:
Brain Benders

Puzzle 135

3	6	4	1	8	7	9	5	
			2	3				
8				9	6			
			8	1	9			
9		3		7		1		
	2	9	6					
	5	8				6		
	1	9						
9	6	1	7	4	5	8	3	

The answer to this puzzle
is on page 220.

Level Six:
Mind Manglers

Level Six:
Mind Manglers

Puzzle 136

3	8	4			5			9
						3		4
	2			9				1
5			2	7	9			
		3	4		8	2		
			5	6	3			8
2				3			5	
9		1						
8			6			1	9	2

The answer to this puzzle
is on page 220.

Level Six:
Mind Manglers

Puzzle 137

	9			1		3		
				9				6
5			2	8				
			1	6	5	9		
6	2	8	9		7	5	1	4
		5	4	2	8			
				7	1			2
8				5				
		9		4			6	

The answer to this puzzle
is on page 220.

160

Level Six:
Mind Manglers

Puzzle 138

9			4	5		1		6
		4		6		9		3
			1	9	2		7	
				8				7
		2				4		
5				7				
	4		5	2	1			
7		5		3		2		
1		9		4	6			8

The answer to this puzzle
is on page 220.

Level Six:
Mind
Manglers

Puzzle 139

					8		2	
1	8		7	4			5	
			3					
5			8	7	6	4	9	
	9		1		4		3	
	1	4	9	3	5			7
					9			
	3			5	7		1	4
	7		6					

The answer to this puzzle is on page 221.

Level Six:
Mind Manglers

Puzzle 140

7	4							2
2	5	3		6				
8	9	6	3	2				
			7		2	8		
		5				9		
		8	6		5			
				7	1	3	5	4
				3		2	9	8
9							7	6

The answer to this puzzle
is on page 221.

Level Six:
Mind
Manglers

Puzzle 141

		4		2		7		
				5	3			
5		8		4		9		2
	8			9				
4	3	2	1		7	6	9	5
				3			4	
9		7		1		8		4
		8	6					
	5		7		3			

The answer to this puzzle
is on page 221.

Level Six:
Mind Manglers

Puzzle 142

9	6		3		1		7	5
2		4						6
						3		
4			6	5	2			8
			4		7			
7			8	9	3			2
	7							
3						9		7
1	4		2		9		8	3

The answer to this puzzle
is on page 221.

Level Six:
Mind Manglers

Puzzle 143

				2		9		
	4					7		6
				6			1	3
3	1	2	5	8	9	4		
			2		7			
		5	6	3	4	1	9	2
5	2			7				
9		6					3	
		4		9				

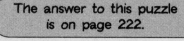

The answer to this puzzle
is on page 222.

166

Level Six:
Mind Manglers

Puzzle 144

		4	3		1	5		
			8	9	4			
7	8						3	1
			4	8	6			
9			2		3			5
			9	5	7			
2	1						6	4
			6	2	8			
		7	1		9	8		

The answer to this puzzle is on page 222.

Level Six:
Mind Manglers

Puzzle 145

		2	6					
	7			4			2	
		1		5		8		9
			9	6	3			7
	1	7	8		5	4	9	
9			4	7	1			
2		9		8		6		
	5			1			3	
					7	5		

The answer to this puzzle
is on page 222.

168

Level Seven:
Dreaded
Destroyers

Level Seven:
Dreaded Destroyers

Puzzle 146

	9		5		1			
				6				1
		3		2		8		
5				1				9
	8	2	9		6	7	3	
7				3				4
		1		5		3		
9				7				
			6		8		4	

> The answer to this puzzle
> is on page 222.

Level Seven:
Dreaded
Destroyers
Puzzle 147

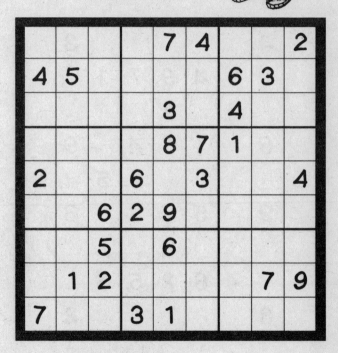

				7	4			2
4	5					6	3	
				3		4		
				8	7	1		
2			6		3			4
		6	2	9				
		5			6			
	1	2					7	9
7			3	1				

The answer to this puzzle
is on page 223.

Level Seven:
Dreaded
Destroyers

Puzzle 148

	4						3	
		5	4	9	7	1		
				1				
	6		1		4		9	
3		1				5		8
	9		5		3		6	
				3				
		4	8	2	5	6		
	8						2	

The answer to this puzzle
is on page 223.

Level Seven:
Dreaded Destroyers

Puzzle 149

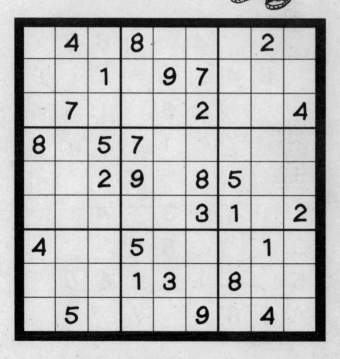

	4		8				2	
		1		9	7			
	7				2			4
8		5	7					
		2	9		8	5		
					3	1		2
4			5				1	
			1	3		8		
	5				9		4	

The answer to this puzzle
is on page 223.

173

Level Seven:
Dreaded
Destroyers

Puzzle 150

			4			8	3	
	8	4						9
			3	6			5	4
		7		1		3		
			7		4			
		6		3		4		
2	7			8	6			
5						6	8	
	9	8			7			

The answer to this puzzle is on page 223.

Level Seven:
Dreaded Destroyers

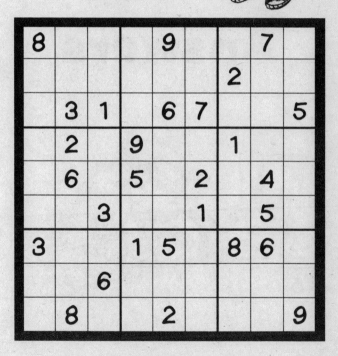

Puzzle 151

8				9			7	
						2		
	3	1		6	7			5
	2		9			1		
	6		5		2		4	
		3			1		5	
3			1	5		8	6	
		6						
	8			2				9

The answer to this puzzle
is on page 224.

All the Answers

3	9	6	1	2	5	8	7	4
5	2	4	9	7	8	3	1	6
7	1	8	4	3	6	2	9	5
2	4	5	6	9	7	1	8	3
8	7	9	3	4	1	5	6	2
6	3	1	5	8	2	7	4	9
4	6	7	8	5	3	9	2	1
1	5	2	7	6	9	4	3	8
9	8	3	2	1	4	6	5	7

puzzle 1

puzzle 2

6	7	1	5	3	8	9	4	2
5	8	3	9	4	2	1	7	6
4	2	9	6	1	7	5	8	3
9	1	4	7	8	3	6	2	5
3	6	2	1	5	4	8	9	7
8	5	7	2	6	9	3	1	4
2	3	5	4	9	1	7	6	8
7	9	8	3	2	6	4	5	1
1	4	6	8	7	5	2	3	9

4	3	2	7	6	5	8	1	9
5	9	1	2	4	8	3	6	7
7	8	6	9	3	1	2	4	5
6	7	5	1	8	3	9	2	4
3	2	8	6	9	4	5	7	1
9	1	4	5	2	7	6	8	3
8	6	7	3	1	9	4	5	2
1	4	9	8	5	2	7	3	6
2	5	3	4	7	6	1	9	8

puzzle 3

puzzle 4

9	8	6	1	3	4	7	5	2
4	3	5	6	2	7	9	8	1
7	2	1	9	5	8	3	4	6
6	1	4	7	9	2	5	3	8
3	5	7	8	1	6	2	9	4
2	9	8	3	4	5	6	1	7
8	6	9	4	7	3	1	2	5
1	4	2	5	6	9	8	7	3
5	7	3	2	8	1	4	6	9

puzzle 5

4	8	7	1	9	2	6	5	3
6	5	9	4	3	7	8	1	2
3	2	1	8	6	5	4	7	9
7	3	2	5	4	6	1	9	8
8	4	6	7	1	9	3	2	5
1	9	5	3	2	8	7	6	4
5	1	8	2	7	4	9	3	6
9	7	4	6	5	3	2	8	1
2	6	3	9	8	1	5	4	7

puzzle 6

7	6	1	2	3	4	8	5	9
3	9	5	6	8	7	2	1	4
8	2	4	5	1	9	3	6	7
6	3	8	7	4	5	9	2	1
4	5	9	8	2	1	6	7	3
2	1	7	9	6	3	4	8	5
1	7	6	4	9	8	5	3	2
9	8	3	1	5	2	7	4	6
5	4	2	3	7	6	1	9	8

178

puzzle 7

2	5	7	1	4	6	8	9	3
4	1	8	9	2	3	5	7	6
3	9	6	5	7	8	4	2	1
5	4	3	7	9	2	1	6	8
6	7	9	4	8	1	2	3	5
8	2	1	6	3	5	7	4	9
9	3	5	2	1	4	6	8	7
7	6	2	8	5	9	3	1	4
1	8	4	3	6	7	9	5	2

puzzle 8

8	6	7	9	4	3	1	2	5
4	2	5	7	1	6	9	3	8
9	3	1	2	8	5	4	7	6
5	9	4	1	3	2	8	6	7
1	8	2	5	6	7	3	9	4
6	7	3	8	9	4	5	1	2
2	5	9	4	7	1	6	8	3
3	4	8	6	2	9	7	5	1
7	1	6	3	5	8	2	4	9

puzzle 9

4	8	7	6	9	5	2	1	3
6	9	5	1	3	2	8	4	7
1	3	2	8	7	4	6	5	9
5	4	3	2	6	8	7	9	1
9	7	8	5	1	3	4	6	2
2	6	1	9	4	7	3	8	5
8	2	9	7	5	6	1	3	4
7	5	4	3	8	1	9	2	6
3	1	6	4	2	9	5	7	8

puzzle 10

4	9	7	8	5	1	6	2	3
2	6	3	9	7	4	8	1	5
8	1	5	3	2	6	9	4	7
5	3	9	6	8	2	1	7	4
7	2	8	4	1	3	5	9	6
6	4	1	7	9	5	2	3	8
3	8	4	1	6	9	7	5	2
1	7	2	5	4	8	3	6	9
9	5	6	2	3	7	4	8	1

puzzle 11

8	1	6	5	4	9	3	7	2
2	9	3	6	7	8	4	5	1
4	7	5	2	1	3	6	9	8
7	6	8	9	3	2	5	1	4
5	2	9	4	8	1	7	6	3
3	4	1	7	6	5	8	2	9
6	3	4	1	2	7	9	8	5
9	8	2	3	5	6	1	4	7
1	5	7	8	9	4	2	3	6

5	2	4	9	1	6	3	8	7
9	1	6	3	7	8	4	2	5
8	3	7	2	5	4	6	9	1
2	6	1	5	3	9	7	4	8
4	7	9	1	8	2	5	3	6
3	8	5	4	6	7	2	1	9
7	9	8	6	2	3	1	5	4
6	5	2	8	4	1	9	7	3
1	4	3	7	9	5	8	6	2

puzzle 12

2	3	7	4	9	5	6	8	1
6	1	8	2	7	3	9	4	5
4	5	9	8	1	6	2	3	7
3	8	6	9	5	1	7	2	4
1	4	2	7	3	8	5	9	6
7	9	5	6	4	2	8	1	3
5	2	1	3	8	7	4	6	9
8	7	4	1	6	9	3	5	2
9	6	3	5	2	4	1	7	8

puzzle 13

puzzle 14

2	3	9	7	6	8	1	5	4
1	7	6	4	3	5	2	8	9
8	4	5	1	9	2	6	3	7
4	2	3	9	8	1	5	7	6
7	6	1	5	2	4	8	9	3
5	9	8	6	7	3	4	1	2
6	1	2	3	5	7	9	4	8
3	8	4	2	1	9	7	6	5
9	5	7	8	4	6	3	2	1

5	4	2	3	9	8	7	1	6
1	7	6	4	2	5	9	8	3
3	9	8	7	1	6	4	2	5
9	3	5	1	7	4	2	6	8
7	8	1	5	6	2	3	4	9
2	6	4	9	8	3	1	5	7
4	5	7	6	3	1	8	9	2
6	2	9	8	4	7	5	3	1
8	1	3	2	5	9	6	7	4

puzzle 15

2	4	3	6	1	7	8	9	5
9	7	8	4	2	5	6	1	3
5	6	1	3	9	8	2	7	4
4	3	9	7	6	2	5	8	1
1	2	7	8	5	9	3	4	6
6	8	5	1	4	3	7	2	9
7	9	4	2	3	6	1	5	8
8	5	6	9	7	1	4	3	2
3	1	2	5	8	4	9	6	7

puzzle 16

puzzle 17

9	3	2	7	8	4	1	6	5
5	8	1	9	6	2	7	4	3
6	7	4	3	1	5	9	2	8
7	5	3	8	9	6	2	1	4
4	2	8	1	5	7	6	3	9
1	6	9	4	2	3	8	5	7
2	4	7	6	3	8	5	9	1
8	1	6	5	4	9	3	7	2
3	9	5	2	7	1	4	8	6

8	1	6	2	7	9	4	5	3
3	5	2	1	8	4	6	9	7
7	4	9	5	3	6	2	8	1
1	6	5	8	9	7	3	2	4
2	9	3	6	4	5	7	1	8
4	7	8	3	1	2	9	6	5
9	3	1	4	2	8	5	7	6
5	8	7	9	6	3	1	4	2
6	2	4	7	5	1	8	3	9

puzzle 18

puzzle 19

1	5	9	3	7	4	6	2	8
2	3	6	5	8	9	1	7	4
7	4	8	1	6	2	3	9	5
5	8	1	4	2	3	9	6	7
4	9	7	8	1	6	2	5	3
6	2	3	7	9	5	8	4	1
3	7	2	6	5	1	4	8	9
8	6	4	9	3	7	5	1	2
9	1	5	2	4	8	7	3	6

puzzle 20

8	5	1	9	6	4	7	3	2
9	4	2	7	1	3	6	8	5
7	3	6	2	8	5	4	1	9
1	7	4	6	2	8	9	5	3
6	9	8	5	3	7	1	2	4
5	2	3	4	9	1	8	6	7
3	6	9	8	7	2	5	4	1
4	1	7	3	5	6	2	9	8
2	8	5	1	4	9	3	7	6

puzzle 21

5	1	6	7	2	3	8	4	9
7	4	2	8	1	9	6	3	5
9	8	3	6	5	4	2	7	1
3	9	7	1	6	8	5	2	4
2	5	1	9	4	7	3	8	6
4	6	8	5	3	2	9	1	7
6	2	9	3	7	1	4	5	8
1	3	5	4	8	6	7	9	2
8	7	4	2	9	5	1	6	3

6	3	4	9	8	5	1	7	2
7	5	9	2	6	1	4	8	3
8	2	1	4	7	3	6	5	9
1	9	5	3	4	2	7	6	8
2	6	3	8	1	7	5	9	4
4	8	7	5	9	6	2	3	1
5	7	8	1	2	9	3	4	6
9	1	6	7	3	4	8	2	5
3	4	2	6	5	8	9	1	7

puzzle 22

puzzle 23

5	4	2	3	7	9	1	8	6
7	6	8	2	5	1	9	3	4
9	1	3	6	8	4	7	5	2
6	8	5	9	3	7	4	2	1
1	9	4	5	6	2	8	7	3
3	2	7	1	4	8	5	6	9
4	7	1	8	2	6	3	9	5
2	5	9	7	1	3	6	4	8
8	3	6	4	9	5	2	1	7

8	2	4	3	6	1	5	7	9
7	6	5	2	4	9	3	8	1
1	3	9	8	5	7	6	2	4
5	9	8	1	7	6	4	3	2
6	7	2	5	3	4	9	1	8
4	1	3	9	2	8	7	6	5
2	4	6	7	1	5	8	9	3
3	8	7	4	9	2	1	5	6
9	5	1	6	8	3	2	4	7

puzzle 24

puzzle 25

5	3	9	8	6	1	7	4	2
1	6	7	4	9	2	3	8	5
8	4	2	5	7	3	9	1	6
7	2	8	3	4	9	5	6	1
3	9	1	6	8	5	4	2	7
4	5	6	2	1	7	8	3	9
6	7	5	1	3	8	2	9	4
9	1	3	7	2	4	6	5	8
2	8	4	9	5	6	1	7	3

puzzle 26

8	6	9	3	5	2	7	1	4
3	5	2	1	4	7	8	9	6
7	4	1	8	9	6	5	3	2
9	8	3	5	2	4	6	7	1
6	2	4	9	7	1	3	8	5
1	7	5	6	3	8	4	2	9
2	1	8	4	6	3	9	5	7
4	9	7	2	8	5	1	6	3
5	3	6	7	1	9	2	4	8

6	1	8	9	3	4	5	2	7
2	7	4	6	5	1	3	9	8
3	9	5	7	2	8	1	6	4
5	3	7	2	4	9	8	1	6
4	2	9	8	1	6	7	3	5
1	8	6	3	7	5	9	4	2
7	6	3	5	9	2	4	8	1
8	5	1	4	6	3	2	7	9
9	4	2	1	8	7	6	5	3

puzzle 27

3	1	8	5	7	9	6	4	2
9	2	5	8	4	6	3	1	7
7	6	4	3	1	2	5	9	8
5	8	9	1	3	7	2	6	4
6	7	3	2	9	4	1	8	5
2	4	1	6	5	8	7	3	9
1	5	7	9	8	3	4	2	6
4	9	6	7	2	1	8	5	3
8	3	2	4	6	5	9	7	1

puzzle 28

puzzle 29

1	2	8	5	4	9	7	3	6
4	7	6	3	1	2	5	8	9
5	3	9	6	8	7	1	2	4
7	1	4	2	6	3	9	5	8
8	5	2	1	9	4	3	6	7
6	9	3	8	7	5	4	1	2
9	6	1	4	5	8	2	7	3
3	8	7	9	2	1	6	4	5
2	4	5	7	3	6	8	9	1

2	6	3	4	9	5	1	8	7
7	9	8	3	6	1	2	4	5
4	5	1	8	7	2	9	3	6
1	4	2	7	5	3	8	6	9
8	7	6	9	2	4	3	5	1
5	3	9	1	8	6	7	2	4
9	1	5	2	4	8	6	7	3
6	2	7	5	3	9	4	1	8
3	8	4	6	1	7	5	9	2

puzzle 30

puzzle 31

2	1	9	3	5	4	8	7	6
5	3	7	8	6	1	9	4	2
8	6	4	2	9	7	1	5	3
3	4	5	9	2	8	6	1	7
9	2	6	1	7	3	5	8	4
7	8	1	5	4	6	2	3	9
6	9	8	7	3	5	4	2	1
4	5	3	6	1	2	7	9	8
1	7	2	4	8	9	3	6	5

puzzle 32

1	4	5	3	2	9	8	6	7
7	2	8	4	6	5	9	3	1
3	6	9	7	1	8	2	5	4
9	7	2	8	4	3	5	1	6
8	5	4	1	7	6	3	2	9
6	1	3	9	5	2	4	7	8
2	8	1	6	3	4	7	9	5
4	3	7	5	9	1	6	8	2
5	9	6	2	8	7	1	4	3

puzzle 33

7	5	1	4	8	3	6	2	9
9	2	6	1	5	7	4	3	8
3	8	4	6	2	9	1	7	5
6	7	9	3	1	5	2	8	4
1	4	8	9	7	2	3	5	6
5	3	2	8	4	6	7	9	1
4	1	5	7	3	8	9	6	2
2	9	7	5	6	1	8	4	3
8	6	3	2	9	4	5	1	7

puzzle 34

2	5	3	6	7	9	4	8	1
1	6	8	5	3	4	2	9	7
9	4	7	2	1	8	5	6	3
5	1	2	3	4	6	9	7	8
4	8	6	1	9	7	3	5	2
7	3	9	8	2	5	6	1	4
6	9	4	7	8	3	1	2	5
8	2	5	4	6	1	7	3	9
3	7	1	9	5	2	8	4	6

puzzle 35

4	8	1	5	3	9	6	7	2
7	2	9	6	1	4	8	3	5
5	3	6	2	7	8	1	4	9
8	7	5	3	9	6	4	2	1
2	6	3	8	4	1	5	9	7
9	1	4	7	2	5	3	6	8
3	4	7	1	5	2	9	8	6
1	9	8	4	6	7	2	5	3
6	5	2	9	8	3	7	1	4

3	9	4	6	7	5	1	2	8
8	5	1	3	9	2	4	6	7
2	6	7	1	4	8	9	5	3
4	1	6	2	3	7	8	9	5
9	7	3	8	5	1	6	4	2
5	8	2	4	6	9	7	3	1
1	2	9	5	8	6	3	7	4
7	3	8	9	2	4	5	1	6
6	4	5	7	1	3	2	8	9

puzzle 36

3	9	4	2	1	6	5	7	8
5	7	8	9	4	3	2	6	1
2	6	1	5	7	8	4	3	9
8	3	5	7	2	9	1	4	6
9	1	2	8	6	4	3	5	7
6	4	7	1	3	5	8	9	2
4	2	6	3	9	1	7	8	5
7	5	9	4	8	2	6	1	3
1	8	3	6	5	7	9	2	4

puzzle 37

puzzle 38

6	4	9	2	1	8	7	3	5
8	3	1	7	9	5	6	4	2
5	2	7	3	4	6	8	9	1
3	6	4	1	7	9	5	2	8
7	5	8	4	6	2	3	1	9
9	1	2	5	8	3	4	7	6
1	7	6	8	2	4	9	5	3
4	9	3	6	5	1	2	8	7
2	8	5	9	3	7	1	6	4

3	6	8	1	5	4	9	7	2
1	9	5	3	2	7	4	8	6
2	4	7	9	6	8	1	3	5
6	3	2	7	9	5	8	1	4
4	7	1	8	3	2	6	5	9
5	8	9	4	1	6	7	2	3
7	1	6	5	4	3	2	9	8
8	5	4	2	7	9	3	6	1
9	2	3	6	8	1	5	4	7

puzzle 39

puzzle 40

9	6	8	1	7	2	5	4	3
5	2	3	8	4	9	7	1	6
1	7	4	5	3	6	8	9	2
8	9	7	4	6	5	3	2	1
2	3	1	9	8	7	4	6	5
6	4	5	2	1	3	9	7	8
7	1	6	3	5	4	2	8	9
3	8	2	7	9	1	6	5	4
4	5	9	6	2	8	1	3	7

puzzle 41

2	3	9	5	8	6	4	7	1
7	5	1	3	4	2	8	6	9
6	8	4	7	9	1	5	3	2
5	4	7	8	1	3	9	2	6
1	9	2	6	7	4	3	8	5
8	6	3	2	5	9	1	4	7
4	2	5	9	3	7	6	1	8
3	7	8	1	6	5	2	9	4
9	1	6	4	2	8	7	5	3

puzzle 42

3	8	6	7	2	4	9	5	1
5	7	4	1	8	9	3	6	2
1	9	2	5	6	3	7	4	8
9	3	1	4	5	7	8	2	6
7	6	8	3	1	2	5	9	4
2	4	5	8	9	6	1	7	3
6	2	3	9	7	1	4	8	5
4	5	7	2	3	8	6	1	9
8	1	9	6	4	5	2	3	7

1	5	3	2	7	4	6	9	8
2	8	9	1	3	6	5	4	7
6	7	4	9	5	8	2	3	1
7	6	2	4	1	3	9	8	5
3	4	5	8	6	9	1	7	2
9	1	8	7	2	5	3	6	4
4	2	6	3	8	1	7	5	9
8	3	7	5	9	2	4	1	6
5	9	1	6	4	7	8	2	3

puzzle 43

puzzle 44

5	6	1	4	9	8	7	2	3
7	3	8	1	6	2	4	5	9
4	9	2	5	3	7	6	1	8
8	4	5	6	1	3	9	7	2
3	7	6	8	2	9	1	4	5
2	1	9	7	4	5	8	3	6
9	2	7	3	8	1	5	6	4
6	5	3	9	7	4	2	8	1
1	8	4	2	5	6	3	9	7

3	8	6	2	1	4	7	5	9
5	7	9	8	6	3	4	2	1
4	1	2	9	5	7	6	3	8
8	5	1	6	7	2	3	9	4
2	4	3	1	9	8	5	6	7
9	6	7	3	4	5	1	8	2
6	3	8	4	2	1	9	7	5
7	9	4	5	8	6	2	1	3
1	2	5	7	3	9	8	4	6

puzzle 45

puzzle 46

8	5	3	2	9	7	1	4	6
9	4	7	5	6	1	8	2	3
2	6	1	3	4	8	7	5	9
3	2	9	4	7	5	6	8	1
5	1	4	8	3	6	2	9	7
6	7	8	1	2	9	4	3	5
4	9	5	7	1	2	3	6	8
1	3	6	9	8	4	5	7	2
7	8	2	6	5	3	9	1	4

puzzle 47

4	5	7	6	3	1	8	2	9
9	6	1	4	2	8	3	5	7
8	3	2	9	7	5	1	4	6
5	8	4	3	9	6	2	7	1
2	9	6	5	1	7	4	8	3
7	1	3	8	4	2	6	9	5
3	7	8	2	6	9	5	1	4
1	4	5	7	8	3	9	6	2
6	2	9	1	5	4	7	3	8

puzzle 48

7	5	6	2	3	4	9	8	1
8	3	4	9	1	6	5	2	7
1	2	9	8	5	7	3	4	6
4	6	1	5	2	8	7	9	3
9	8	3	4	7	1	6	5	2
2	7	5	6	9	3	4	1	8
6	9	2	3	8	5	1	7	4
3	1	8	7	4	9	2	6	5
5	4	7	1	6	2	8	3	9

192

puzzle 49

7	8	3	2	4	1	6	9	5
2	9	1	3	6	5	4	7	8
4	5	6	9	7	8	3	1	2
3	1	8	6	9	7	2	5	4
5	4	7	1	8	2	9	6	3
6	2	9	5	3	4	7	8	1
9	3	2	8	1	6	5	4	7
1	7	5	4	2	9	8	3	6
8	6	4	7	5	3	1	2	9

puzzle 50

9	7	3	1	8	5	2	4	6
8	6	4	9	3	2	5	1	7
1	5	2	7	4	6	3	9	8
2	1	6	3	9	4	8	7	5
5	8	7	6	2	1	9	3	4
3	4	9	5	7	8	6	2	1
4	3	1	8	6	9	7	5	2
7	2	8	4	5	3	1	6	9
6	9	5	2	1	7	4	8	3

puzzle 51

2	6	3	5	9	1	7	8	4
8	1	7	2	6	4	9	3	5
9	4	5	8	7	3	6	2	1
3	7	6	4	2	5	8	1	9
5	2	1	7	8	9	3	4	6
4	8	9	1	3	6	2	5	7
6	5	8	3	4	7	1	9	2
1	9	2	6	5	8	4	7	3
7	3	4	9	1	2	5	6	8

puzzle 52

6	3	7	5	8	4	2	9	1
9	4	8	7	1	2	6	5	3
1	5	2	3	6	9	8	7	4
7	8	1	2	3	6	5	4	9
5	2	9	1	4	7	3	6	8
4	6	3	8	9	5	7	1	2
3	7	4	6	2	1	9	8	5
2	9	5	4	7	8	1	3	6
8	1	6	9	5	3	4	2	7

puzzle 53

4	2	9	7	8	5	6	1	3
5	1	8	2	6	3	9	7	4
6	7	3	4	9	1	8	2	5
3	5	6	8	1	4	2	9	7
7	8	4	9	3	2	1	5	6
1	9	2	6	5	7	4	3	8
8	6	5	1	7	9	3	4	2
2	3	1	5	4	8	7	6	9
9	4	7	3	2	6	5	8	1

puzzle 54

1	3	5	2	6	8	4	7	9
7	8	9	3	1	4	2	6	5
2	6	4	5	9	7	8	1	3
5	9	7	6	3	2	1	4	8
6	4	1	9	8	5	7	3	2
8	2	3	4	7	1	9	5	6
9	7	8	1	5	6	3	2	4
4	1	6	8	2	3	5	9	7
3	5	2	7	4	9	6	8	1

194

2	7	3	5	8	1	4	6	9
4	1	6	3	9	2	5	7	8
9	5	8	6	7	4	3	2	1
3	2	1	8	6	5	9	4	7
8	4	9	7	2	3	6	1	5
5	6	7	4	1	9	2	8	3
6	3	5	1	4	7	8	9	2
1	8	2	9	5	6	7	3	4
7	9	4	2	3	8	1	5	6

puzzle 55

puzzle 56

7	4	5	8	2	9	6	1	3
8	6	1	4	3	5	7	9	2
3	9	2	1	7	6	5	8	4
6	3	4	7	9	1	2	5	8
1	5	9	2	8	3	4	6	7
2	7	8	6	5	4	9	3	1
4	8	3	5	6	7	1	2	9
9	1	6	3	4	2	8	7	5
5	2	7	9	1	8	3	4	6

9	6	3	7	1	5	2	8	4
5	2	7	3	8	4	9	6	1
1	4	8	9	2	6	3	5	7
4	3	2	8	7	1	6	9	5
8	7	5	4	6	9	1	2	3
6	1	9	5	3	2	4	7	8
3	9	4	2	5	7	8	1	6
2	5	6	1	4	8	7	3	9
7	8	1	6	9	3	5	4	2

puzzle 57

puzzle 58

1	6	2	5	8	7	9	3	4
4	3	5	2	9	1	8	7	6
8	7	9	3	4	6	2	1	5
2	4	7	9	6	8	1	5	3
6	8	3	1	5	2	4	9	7
5	9	1	7	3	4	6	2	8
9	1	8	4	7	3	5	6	2
3	2	4	6	1	5	7	8	9
7	5	6	8	2	9	3	4	1

puzzle 59

5	4	6	3	8	2	7	9	1
9	7	8	1	4	6	5	2	3
1	2	3	5	7	9	8	6	4
3	9	4	2	1	8	6	5	7
8	1	7	9	6	5	3	4	2
2	6	5	7	3	4	1	8	9
6	8	1	4	2	7	9	3	5
4	3	9	8	5	1	2	7	6
7	5	2	6	9	3	4	1	8

puzzle 60

8	7	1	4	9	6	5	3	2
5	2	3	8	7	1	6	4	9
6	4	9	3	5	2	7	1	8
3	8	2	6	4	7	9	5	1
1	9	7	2	3	5	4	8	6
4	5	6	1	8	9	2	7	3
7	6	4	9	1	3	8	2	5
2	3	5	7	6	8	1	9	4
9	1	8	5	2	4	3	6	7

puzzle 61

5	3	1	4	2	8	9	7	6
4	9	8	7	6	1	5	3	2
6	2	7	5	9	3	8	4	1
9	8	4	2	5	7	6	1	3
2	1	3	9	8	6	4	5	7
7	6	5	3	1	4	2	9	8
1	4	6	8	3	5	7	2	9
8	5	2	1	7	9	3	6	4
3	7	9	6	4	2	1	8	5

puzzle 62

2	8	3	7	5	9	6	4	1
9	7	6	4	8	1	2	5	3
4	5	1	3	6	2	7	9	8
8	6	4	2	3	7	5	1	9
5	1	2	9	4	8	3	6	7
7	3	9	6	1	5	8	2	4
6	9	5	8	7	4	1	3	2
3	2	8	1	9	6	4	7	5
1	4	7	5	2	3	9	8	6

puzzle 63

5	8	2	6	9	1	7	4	3
7	4	3	8	2	5	9	1	6
1	9	6	3	7	4	5	8	2
8	6	5	2	4	7	1	3	9
4	2	7	9	1	3	6	5	8
3	1	9	5	6	8	4	2	7
6	3	8	4	5	9	2	7	1
2	5	1	7	3	6	8	9	4
9	7	4	1	8	2	3	6	5

puzzle 64

7	3	6	9	5	4	1	8	2
1	8	4	6	2	3	9	7	5
2	9	5	1	8	7	6	3	4
5	7	8	2	4	1	3	6	9
9	2	3	8	6	5	4	1	7
4	6	1	3	7	9	5	2	8
3	5	9	7	1	2	8	4	6
6	4	2	5	3	8	7	9	1
8	1	7	4	9	6	2	5	3

puzzle 65

3	6	8	1	7	2	4	9	5
4	5	2	8	6	9	7	3	1
9	1	7	3	4	5	8	6	2
6	7	5	4	2	3	1	8	9
1	3	9	6	5	8	2	7	4
8	2	4	9	1	7	6	5	3
2	8	1	5	3	6	9	4	7
5	4	6	7	9	1	3	2	8
7	9	3	2	8	4	5	1	6

puzzle 66

3	1	6	2	7	9	5	8	4
8	2	9	4	5	3	7	1	6
7	5	4	6	1	8	3	9	2
4	7	8	1	9	2	6	5	3
2	9	1	5	3	6	4	7	8
5	6	3	7	8	4	1	2	9
1	3	2	9	4	5	8	6	7
9	8	7	3	6	1	2	4	5
6	4	5	8	2	7	9	3	1

puzzle 67

7	2	8	9	4	1	5	6	3
4	1	6	3	2	5	9	8	7
3	5	9	7	6	8	4	2	1
5	7	3	4	1	6	8	9	2
9	6	1	8	7	2	3	4	5
8	4	2	5	3	9	7	1	6
1	3	4	2	9	7	6	5	8
2	8	7	6	5	4	1	3	9
6	9	5	1	8	3	2	7	4

puzzle 68

8	5	2	4	7	9	1	6	3
6	1	3	8	5	2	4	7	9
7	4	9	1	6	3	5	8	2
4	8	6	2	9	7	3	1	5
5	9	7	3	1	4	6	2	8
3	2	1	6	8	5	7	9	4
9	3	5	7	2	1	8	4	6
1	6	4	9	3	8	2	5	7
2	7	8	5	4	6	9	3	1

puzzle 69

7	5	9	8	1	3	6	4	2
3	6	2	4	5	9	8	1	7
4	1	8	7	2	6	3	5	9
6	3	7	1	8	2	5	9	4
9	4	1	6	3	5	2	7	8
2	8	5	9	7	4	1	3	6
1	2	4	3	9	8	7	6	5
8	9	3	5	6	7	4	2	1
5	7	6	2	4	1	9	8	3

puzzle 70

7	2	6	4	3	1	8	5	9
5	4	9	7	2	8	1	6	3
3	8	1	6	9	5	4	7	2
1	7	3	5	4	9	2	8	6
6	5	8	2	1	3	9	4	7
4	9	2	8	6	7	5	3	1
9	1	7	3	5	4	6	2	8
2	3	5	9	8	6	7	1	4
8	6	4	1	7	2	3	9	5

puzzle 71

5	3	6	4	9	1	2	7	8
1	8	2	3	7	6	5	9	4
7	9	4	8	2	5	3	1	6
8	5	3	7	4	9	1	6	2
4	6	7	2	1	3	9	8	5
2	1	9	5	6	8	7	4	3
9	7	8	6	5	2	4	3	1
3	2	1	9	8	4	6	5	7
6	4	5	1	3	7	8	2	9

puzzle 72

6	7	1	8	9	3	4	5	2
4	5	9	6	1	2	3	7	8
2	8	3	4	7	5	1	9	6
3	4	7	2	6	8	9	1	5
8	9	2	5	3	1	6	4	7
1	6	5	9	4	7	8	2	3
7	1	6	3	5	9	2	8	4
9	3	8	7	2	4	5	6	1
5	2	4	1	8	6	7	3	9

puzzle 73

1	4	3	8	9	6	5	7	2
2	7	5	1	3	4	8	9	6
6	8	9	5	7	2	1	4	3
8	9	2	7	6	3	4	5	1
3	1	7	9	4	5	2	6	8
5	6	4	2	1	8	7	3	9
9	3	1	4	2	7	6	8	5
4	2	8	6	5	9	3	1	7
7	5	6	3	8	1	9	2	4

puzzle 74

3	4	7	6	8	2	1	5	9
6	8	5	4	1	9	3	7	2
9	1	2	3	5	7	8	4	6
4	6	3	9	7	8	2	1	5
1	7	9	2	6	5	4	8	3
2	5	8	1	3	4	6	9	7
5	2	6	8	9	1	7	3	4
8	9	4	7	2	3	5	6	1
7	3	1	5	4	6	9	2	8

puzzle 75

8	1	4	5	9	2	7	3	6
9	3	5	1	6	7	2	8	4
6	7	2	8	3	4	5	9	1
5	6	8	9	7	1	3	4	2
3	4	7	6	2	5	8	1	9
1	2	9	3	4	8	6	7	5
7	5	6	4	8	9	1	2	3
2	9	1	7	5	3	4	6	8
4	8	3	2	1	6	9	5	7

puzzle 76

2	7	5	4	9	6	1	3	8
8	6	9	2	3	1	5	7	4
4	3	1	7	5	8	9	6	2
9	1	8	5	6	7	2	4	3
6	2	3	8	1	4	7	5	9
7	5	4	9	2	3	8	1	6
1	9	6	3	7	2	4	8	5
3	4	2	1	8	5	6	9	7
5	8	7	6	4	9	3	2	1

puzzle 77

8	5	1	6	2	9	3	4	7
2	4	7	3	1	5	9	8	6
6	3	9	4	7	8	5	2	1
7	1	8	5	4	3	2	6	9
4	9	3	8	6	2	1	7	5
5	6	2	1	9	7	8	3	4
1	2	5	7	8	6	4	9	3
9	7	4	2	3	1	6	5	8
3	8	6	9	5	4	7	1	2

puzzle 78

4	6	1	8	7	3	9	5	2
3	2	9	5	4	6	7	1	8
8	7	5	9	1	2	3	6	4
1	9	2	4	6	5	8	3	7
6	8	7	1	3	9	2	4	5
5	4	3	7	2	8	6	9	1
7	5	6	2	9	4	1	8	3
2	3	4	6	8	1	5	7	9
9	1	8	3	5	7	4	2	6

puzzle 79

7	5	1	2	3	8	4	9	6
4	9	3	5	6	1	8	7	2
6	8	2	7	9	4	1	3	5
8	6	4	1	2	7	9	5	3
1	2	9	3	5	6	7	4	8
3	7	5	8	4	9	6	2	1
9	3	8	4	1	2	5	6	7
2	1	6	9	7	5	3	8	4
5	4	7	6	8	3	2	1	9

puzzle 80

5	9	3	2	1	7	6	8	4
1	7	8	6	5	4	9	3	2
6	4	2	9	3	8	1	7	5
7	3	9	1	4	2	8	5	6
4	1	5	8	9	6	7	2	3
8	2	6	5	7	3	4	9	1
3	5	1	7	6	9	2	4	8
2	6	7	4	8	5	3	1	9
9	8	4	3	2	1	5	6	7

puzzle 81

4	6	2	1	5	9	3	8	7
7	5	3	8	4	2	6	1	9
8	1	9	6	7	3	5	4	2
1	8	4	9	2	6	7	3	5
9	2	5	4	3	7	1	6	8
6	3	7	5	1	8	9	2	4
2	7	1	3	8	5	4	9	6
5	4	6	2	9	1	8	7	3
3	9	8	7	6	4	2	5	1

puzzle 82

7	3	4	5	6	9	8	1	2
1	5	9	8	2	3	7	6	4
6	8	2	1	4	7	3	9	5
8	4	5	2	9	6	1	7	3
3	6	7	4	1	5	9	2	8
2	9	1	3	7	8	4	5	6
4	2	3	7	5	1	6	8	9
5	1	6	9	8	4	2	3	7
9	7	8	6	3	2	5	4	1

puzzle 83

3	1	8	4	7	6	5	9	2
4	5	6	2	8	9	7	3	1
9	7	2	5	1	3	8	4	6
8	6	7	9	2	4	1	5	3
2	4	3	1	5	8	6	7	9
5	9	1	3	6	7	4	2	8
6	3	9	7	4	1	2	8	5
1	2	4	8	3	5	9	6	7
7	8	5	6	9	2	3	1	4

puzzle 84

7	9	3	5	2	6	8	4	1
5	8	2	1	9	4	3	6	7
4	6	1	7	3	8	5	9	2
3	5	7	2	6	1	4	8	9
2	1	6	8	4	9	7	5	3
9	4	8	3	5	7	1	2	6
8	3	5	6	7	2	9	1	4
1	2	9	4	8	3	6	7	5
6	7	4	9	1	5	2	3	8

204

puzzle 85

3	6	1	4	2	5	9	8	7
5	8	9	7	3	6	4	2	1
2	7	4	1	8	9	5	6	3
6	1	2	5	9	3	7	4	8
4	9	8	2	6	7	1	3	5
7	5	3	8	1	4	2	9	6
8	3	5	9	4	1	6	7	2
1	4	6	3	7	2	8	5	9
9	2	7	6	5	8	3	1	4

puzzle 86

5	9	7	8	6	3	1	2	4
1	6	3	2	7	4	9	5	8
2	4	8	1	5	9	3	6	7
3	5	2	6	4	8	7	9	1
4	7	9	5	2	1	6	8	3
8	1	6	3	9	7	2	4	5
6	3	1	4	8	2	5	7	9
9	8	5	7	3	6	4	1	2
7	2	4	9	1	5	8	3	6

puzzle 87

4	5	1	3	8	7	9	6	2
6	3	7	4	2	9	5	1	8
9	2	8	1	6	5	3	4	7
7	4	5	2	9	3	1	8	6
1	9	3	6	7	8	4	2	5
8	6	2	5	1	4	7	3	9
3	1	9	8	5	2	6	7	4
2	7	6	9	4	1	8	5	3
5	8	4	7	3	6	2	9	1

puzzle 88

9	4	7	8	5	3	6	2	1
1	8	6	9	7	2	5	3	4
3	5	2	4	1	6	7	8	9
8	2	1	6	3	9	4	7	5
7	6	3	5	4	1	8	9	2
5	9	4	2	8	7	3	1	6
6	1	8	3	9	4	2	5	7
2	7	5	1	6	8	9	4	3
4	3	9	7	2	5	1	6	8

puzzle 89

1	3	8	4	9	6	2	5	7
6	2	7	8	5	3	1	4	9
4	5	9	7	2	1	3	8	6
3	4	2	9	6	7	8	1	5
9	8	1	5	3	4	6	7	2
5	7	6	1	8	2	9	3	4
7	9	3	6	4	8	5	2	1
2	1	5	3	7	9	4	6	8
8	6	4	2	1	5	7	9	3

puzzle 90

8	2	4	9	6	3	1	7	5
5	7	1	8	4	2	9	3	6
6	9	3	5	1	7	8	4	2
9	8	7	3	5	1	2	6	4
1	5	6	4	2	8	7	9	3
4	3	2	7	9	6	5	8	1
2	4	5	6	8	9	3	1	7
3	1	9	2	7	4	6	5	8
7	6	8	1	3	5	4	2	9

puzzle 91

1	5	4	9	7	3	8	6	2
3	7	8	2	1	6	9	4	5
9	2	6	4	8	5	3	1	7
7	1	9	8	5	4	6	2	3
8	6	5	1	3	2	4	7	9
4	3	2	7	6	9	1	5	8
6	9	7	3	2	1	5	8	4
2	4	1	5	9	8	7	3	6
5	8	3	6	4	7	2	9	1

puzzle 92

5	9	1	2	6	8	3	7	4
3	7	4	5	1	9	6	8	2
8	2	6	7	3	4	1	5	9
4	6	9	3	8	2	7	1	5
2	8	7	1	4	5	9	3	6
1	3	5	6	9	7	4	2	8
9	5	2	4	7	3	8	6	1
6	4	3	8	2	1	5	9	7
7	1	8	9	5	6	2	4	3

puzzle 93

2	1	7	6	5	9	4	8	3
8	3	9	2	4	7	1	6	5
5	4	6	3	1	8	2	7	9
6	7	1	4	9	5	3	2	8
9	8	5	1	3	2	6	4	7
3	2	4	8	7	6	9	5	1
4	9	8	5	6	1	7	3	2
1	5	3	7	2	4	8	9	6
7	6	2	9	8	3	5	1	4

7	5	3	2	1	6	8	9	4
4	6	8	5	9	7	1	2	3
9	1	2	4	3	8	7	6	5
8	4	7	9	2	3	6	5	1
6	3	1	8	4	5	2	7	9
2	9	5	6	7	1	4	3	8
5	2	4	7	8	9	3	1	6
3	8	6	1	5	2	9	4	7
1	7	9	3	6	4	5	8	2

puzzle 94

puzzle 95

5	7	2	3	1	4	8	6	9
8	3	1	2	9	6	5	4	7
6	9	4	8	5	7	2	1	3
1	6	3	4	7	2	9	8	5
7	2	5	9	8	1	4	3	6
4	8	9	6	3	5	7	2	1
2	1	8	7	6	9	3	5	4
9	4	6	5	2	3	1	7	8
3	5	7	1	4	8	6	9	2

6	2	5	9	1	3	7	4	8
8	7	9	4	5	6	3	1	2
3	1	4	2	8	7	9	5	6
4	8	3	7	2	5	1	6	9
5	6	1	8	9	4	2	3	7
2	9	7	3	6	1	5	8	4
9	3	2	1	4	8	6	7	5
1	5	8	6	7	9	4	2	3
7	4	6	5	3	2	8	9	1

puzzle 96

puzzle 97

5	7	1	6	2	9	4	3	8
8	3	2	4	5	1	7	9	6
9	6	4	7	3	8	2	1	5
4	8	9	2	1	7	5	6	3
6	2	3	5	8	4	1	7	9
1	5	7	3	9	6	8	2	4
2	9	6	8	7	5	3	4	1
7	4	5	1	6	3	9	8	2
3	1	8	9	4	2	6	5	7

puzzle 98

3	6	1	9	8	5	7	4	2
2	9	5	1	4	7	8	6	3
7	4	8	3	6	2	1	9	5
6	8	7	2	1	9	5	3	4
4	1	3	8	5	6	9	2	7
9	5	2	4	7	3	6	1	8
5	7	4	6	3	1	2	8	9
8	2	6	7	9	4	3	5	1
1	3	9	5	2	8	4	7	6

puzzle 99

1	8	7	5	6	9	3	4	2
9	2	5	7	4	3	8	1	6
3	4	6	8	2	1	5	7	9
2	9	4	3	7	5	1	6	8
6	3	8	2	1	4	7	9	5
7	5	1	9	8	6	2	3	4
4	7	2	6	3	8	9	5	1
5	1	3	4	9	2	6	8	7
8	6	9	1	5	7	4	2	3

puzzle 100

2	1	7	3	6	5	9	8	4
9	3	4	7	8	1	5	6	2
8	5	6	2	9	4	3	7	1
7	8	9	6	4	3	1	2	5
5	2	3	9	1	8	6	4	7
4	6	1	5	2	7	8	9	3
3	9	2	4	5	6	7	1	8
6	7	8	1	3	2	4	5	9
1	4	5	8	7	9	2	3	6

puzzle 101

4	6	2	9	1	5	3	7	8
7	8	1	3	2	6	4	9	5
5	3	9	7	8	4	1	6	2
3	9	6	5	4	2	7	8	1
8	2	5	1	7	9	6	3	4
1	7	4	6	3	8	2	5	9
6	1	8	2	5	7	9	4	3
9	4	3	8	6	1	5	2	7
2	5	7	4	9	3	8	1	6

puzzle 102

3	5	8	1	6	2	9	7	4
4	7	6	8	9	3	5	2	1
2	9	1	4	7	5	8	3	6
7	8	5	6	3	1	4	9	2
1	4	3	7	2	9	6	8	5
6	2	9	5	4	8	7	1	3
9	3	4	2	8	6	1	5	7
8	1	7	3	5	4	2	6	9
5	6	2	9	1	7	3	4	8

puzzle 103

4	3	5	7	1	6	9	8	2
7	2	9	5	4	8	6	1	3
6	1	8	2	3	9	5	7	4
5	6	3	1	9	4	7	2	8
8	4	2	6	5	7	1	3	9
1	9	7	3	8	2	4	5	6
2	5	4	9	7	3	8	6	1
3	8	1	4	6	5	2	9	7
9	7	6	8	2	1	3	4	5

puzzle 104

9	1	8	4	3	7	6	5	2
4	5	3	2	6	8	1	9	7
6	2	7	9	5	1	8	4	3
3	7	4	5	9	6	2	8	1
5	9	1	8	7	2	3	6	4
8	6	2	3	1	4	9	7	5
7	8	5	6	2	3	4	1	9
1	3	6	7	4	9	5	2	8
2	4	9	1	8	5	7	3	6

puzzle 105

3	5	4	2	9	1	8	7	6
7	8	9	5	6	3	1	4	2
2	1	6	7	4	8	5	9	3
9	6	5	3	7	2	4	1	8
8	7	3	9	1	4	2	6	5
1	4	2	6	8	5	7	3	9
4	3	7	8	5	9	6	2	1
5	9	1	4	2	6	3	8	7
6	2	8	1	3	7	9	5	4

puzzle 106

7	2	1	4	3	6	8	5	9
4	3	5	9	7	8	6	1	2
6	9	8	2	1	5	3	7	4
9	1	6	3	5	4	7	2	8
8	7	3	6	2	9	1	4	5
5	4	2	7	8	1	9	3	6
1	6	7	5	9	2	4	8	3
2	8	4	1	6	3	5	9	7
3	5	9	8	4	7	2	6	1

puzzle 107

1	2	5	8	9	7	4	3	6
7	8	4	3	5	6	2	9	1
3	6	9	1	4	2	7	5	8
2	7	1	6	8	3	9	4	5
9	4	6	7	1	5	3	8	2
5	3	8	9	2	4	6	1	7
8	1	3	2	7	9	5	6	4
4	9	2	5	6	1	8	7	3
6	5	7	4	3	8	1	2	9

puzzle 108

7	2	4	1	3	6	5	9	8
5	1	6	9	7	8	2	3	4
9	3	8	5	4	2	1	7	6
6	4	1	7	2	3	9	8	5
2	5	9	8	1	4	3	6	7
8	7	3	6	5	9	4	1	2
1	9	7	4	6	5	8	2	3
4	8	2	3	9	7	6	5	1
3	6	5	2	8	1	7	4	9

212

puzzle 109

2	6	5	3	1	8	7	9	4
1	9	4	5	7	2	3	6	8
7	8	3	9	4	6	2	1	5
9	3	7	8	5	1	4	2	6
6	5	1	2	3	4	9	8	7
8	4	2	7	6	9	5	3	1
5	1	8	4	2	3	6	7	9
3	7	6	1	9	5	8	4	2
4	2	9	6	8	7	1	5	3

puzzle 110

5	3	4	6	9	1	8	2	7
2	8	6	4	3	7	1	9	5
9	1	7	8	2	5	6	4	3
8	6	3	1	4	2	7	5	9
7	4	5	3	8	9	2	1	6
1	9	2	5	7	6	4	3	8
3	5	8	2	6	4	9	7	1
6	2	9	7	1	3	5	8	4
4	7	1	9	5	8	3	6	2

puzzle 111

6	3	7	4	2	1	8	9	5
4	8	9	5	3	7	2	6	1
2	5	1	9	8	6	7	4	3
8	2	3	7	4	9	5	1	6
9	7	5	6	1	2	4	3	8
1	4	6	8	5	3	9	2	7
7	9	4	3	6	5	1	8	2
3	1	8	2	7	4	6	5	9
5	6	2	1	9	8	3	7	4

puzzle 112

9	4	8	1	3	7	2	6	5
1	2	6	5	4	8	3	7	9
5	7	3	2	6	9	4	1	8
3	5	1	4	8	2	6	9	7
6	9	2	7	1	5	8	3	4
4	8	7	6	9	3	1	5	2
8	1	9	3	5	4	7	2	6
7	6	5	8	2	1	9	4	3
2	3	4	9	7	6	5	8	1

puzzle 113

4	5	7	9	6	3	8	1	2
8	3	2	5	4	1	7	6	9
1	9	6	7	8	2	5	4	3
3	8	1	4	5	6	2	9	7
6	7	9	2	1	8	3	5	4
5	2	4	3	7	9	6	8	1
9	4	8	6	2	7	1	3	5
2	6	5	1	3	4	9	7	8
7	1	3	8	9	5	4	2	6

puzzle 114

8	5	6	3	2	9	4	7	1
4	3	1	8	7	5	9	2	6
9	7	2	1	4	6	5	8	3
6	4	9	2	5	8	1	3	7
5	2	7	4	1	3	8	6	9
3	1	8	6	9	7	2	4	5
1	9	4	7	6	2	3	5	8
7	8	5	9	3	4	6	1	2
2	6	3	5	8	1	7	9	4

puzzle 115

3	7	4	5	9	8	2	1	6
1	5	2	3	6	4	7	9	8
8	6	9	1	7	2	3	4	5
6	3	8	9	2	7	1	5	4
9	2	1	4	3	5	6	8	7
7	4	5	8	1	6	9	3	2
2	8	3	7	5	9	4	6	1
5	1	6	2	4	3	8	7	9
4	9	7	6	8	1	5	2	3

puzzle 116

8	2	4	3	6	1	7	9	5
3	5	1	9	2	7	6	4	8
7	6	9	5	8	4	3	1	2
2	3	8	7	4	6	9	5	1
9	7	5	1	3	2	8	6	4
4	1	6	8	5	9	2	3	7
5	9	3	2	1	8	4	7	6
6	8	7	4	9	5	1	2	3
1	4	2	6	7	3	5	8	9

7	3	6	1	2	9	4	5	8
1	8	5	4	7	6	3	9	2
2	9	4	5	3	8	1	7	6
6	2	7	8	5	3	9	1	4
8	4	3	9	1	7	2	6	5
9	5	1	2	6	4	7	8	3
5	7	9	6	4	2	8	3	1
4	6	8	3	9	1	5	2	7
3	1	2	7	8	5	6	4	9

puzzle 117

puzzle 118

6	9	4	2	3	1	5	8	7
1	3	7	8	6	5	4	9	2
8	5	2	9	7	4	3	6	1
2	4	9	3	1	8	6	7	5
5	1	3	6	9	7	8	2	4
7	8	6	5	4	2	1	3	9
9	6	5	1	2	3	7	4	8
3	7	1	4	8	9	2	5	6
4	2	8	7	5	6	9	1	3

215

puzzle 119

4	3	9	6	7	2	1	8	5
1	7	6	8	5	9	2	4	3
2	8	5	1	3	4	7	9	6
5	4	1	3	8	7	9	6	2
8	2	7	9	1	6	5	3	4
9	6	3	4	2	5	8	7	1
3	9	8	5	4	1	6	2	7
6	1	2	7	9	3	4	5	8
7	5	4	2	6	8	3	1	9

puzzle 120

5	6	2	4	9	7	8	1	3
9	8	3	1	6	5	4	7	2
4	1	7	2	8	3	6	5	9
8	9	4	5	1	6	2	3	7
3	7	5	8	4	2	1	9	6
6	2	1	7	3	9	5	8	4
2	4	9	3	5	8	7	6	1
1	5	6	9	7	4	3	2	8
7	3	8	6	2	1	9	4	5

puzzle 121

5	9	2	4	3	6	8	1	7
7	4	8	1	2	9	3	5	6
1	6	3	8	5	7	9	4	2
2	5	1	6	8	4	7	9	3
8	7	9	3	1	5	6	2	4
6	3	4	9	7	2	5	8	1
4	8	6	2	9	3	1	7	5
3	1	5	7	4	8	2	6	9
9	2	7	5	6	1	4	3	8

puzzle 122

6	5	7	9	2	4	8	1	3
4	2	3	7	8	1	9	5	6
9	8	1	6	5	3	2	7	4
8	7	4	3	9	5	6	2	1
1	9	6	4	7	2	3	8	5
5	3	2	1	6	8	4	9	7
2	4	8	5	1	6	7	3	9
7	6	5	8	3	9	1	4	2
3	1	9	2	4	7	5	6	8

puzzle 123

3	8	6	4	1	7	2	9	5
1	7	9	8	5	2	6	3	4
2	4	5	6	9	3	7	8	1
6	5	1	2	4	9	8	7	3
4	3	8	7	6	1	5	2	9
7	9	2	5	3	8	1	4	6
8	1	4	9	2	6	3	5	7
9	6	7	3	8	5	4	1	2
5	2	3	1	7	4	9	6	8

puzzle 124

2	4	6	8	5	3	1	7	9
3	9	1	6	7	4	5	2	8
8	5	7	1	9	2	6	3	4
4	2	9	5	8	1	7	6	3
1	6	3	9	4	7	8	5	2
5	7	8	3	2	6	4	9	1
9	8	2	7	1	5	3	4	6
6	1	5	4	3	9	2	8	7
7	3	4	2	6	8	9	1	5

puzzle 125

3	6	5	7	9	8	2	1	4
1	2	4	6	5	3	8	9	7
8	7	9	1	4	2	6	5	3
4	8	3	2	1	6	5	7	9
7	9	2	4	3	5	1	8	6
6	5	1	8	7	9	3	4	2
9	3	8	5	2	7	4	6	1
2	4	6	9	8	1	7	3	5
5	1	7	3	6	4	9	2	8

puzzle 126

2	5	6	3	8	7	9	1	4
8	9	4	5	1	6	7	2	3
7	3	1	2	9	4	5	8	6
9	8	2	4	5	3	1	6	7
1	6	3	7	2	8	4	5	9
5	4	7	9	6	1	8	3	2
3	2	9	8	7	5	6	4	1
4	1	8	6	3	9	2	7	5
6	7	5	1	4	2	3	9	8

puzzle 127

5	9	4	6	3	2	7	8	1
3	1	6	9	8	7	5	2	4
7	2	8	1	4	5	6	3	9
1	8	5	2	6	9	3	4	7
2	4	9	7	1	3	8	5	6
6	7	3	4	5	8	9	1	2
4	5	7	3	2	6	1	9	8
9	3	1	8	7	4	2	6	5
8	6	2	5	9	1	4	7	3

puzzle 128

9	2	5	4	8	3	6	1	7
4	7	3	1	6	9	2	5	8
8	1	6	7	2	5	3	4	9
2	5	8	9	7	4	1	6	3
3	6	7	5	1	8	4	9	2
1	9	4	2	3	6	7	8	5
6	8	2	3	5	1	9	7	4
5	3	9	6	4	7	8	2	1
7	4	1	8	9	2	5	3	6

puzzle 129

6	3	9	2	8	4	5	7	1
8	4	5	1	3	7	2	9	6
7	1	2	6	5	9	4	3	8
3	5	8	9	2	1	7	6	4
4	2	7	8	6	3	1	5	9
1	9	6	7	4	5	8	2	3
2	7	4	3	9	8	6	1	5
9	8	1	5	7	6	3	4	2
5	6	3	4	1	2	9	8	7

puzzle 130

3	5	8	9	6	4	7	1	2
6	4	1	2	7	8	3	5	9
2	7	9	3	5	1	6	8	4
4	1	6	7	2	5	9	3	8
5	8	3	6	1	9	4	2	7
7	9	2	8	4	3	1	6	5
8	6	7	1	9	2	5	4	3
1	2	4	5	3	7	8	9	6
9	3	5	4	8	6	2	7	1

puzzle 131

6	3	9	8	7	1	5	2	4
5	7	8	4	3	2	1	6	9
2	1	4	5	6	9	7	3	8
4	6	2	3	8	5	9	7	1
1	5	3	7	9	6	4	8	2
8	9	7	1	2	4	3	5	6
3	4	6	2	1	7	8	9	5
9	8	5	6	4	3	2	1	7
7	2	1	9	5	8	6	4	3

puzzle 132

6	5	9	2	8	3	7	1	4
8	1	2	7	9	4	5	6	3
7	4	3	5	6	1	9	8	2
9	2	1	3	4	5	6	7	8
4	3	7	6	1	8	2	5	9
5	6	8	9	2	7	4	3	1
1	9	6	8	7	2	3	4	5
3	7	4	1	5	9	8	2	6
2	8	5	4	3	6	1	9	7

puzzle 133

9	3	6	4	7	1	8	5	2
4	8	7	5	2	9	1	6	3
1	5	2	3	8	6	7	4	9
5	6	8	7	3	4	2	9	1
3	2	9	6	1	8	5	7	4
7	1	4	2	9	5	3	8	6
2	9	5	1	4	7	6	3	8
6	4	3	8	5	2	9	1	7
8	7	1	9	6	3	4	2	5

puzzle 134

8	7	2	5	1	9	3	6	4
9	6	1	3	8	4	7	5	2
5	3	4	6	7	2	9	8	1
1	4	8	7	5	6	2	3	9
7	5	6	9	2	3	1	4	8
3	2	9	1	4	8	6	7	5
2	8	3	4	9	7	5	1	6
6	9	5	8	3	1	4	2	7
4	1	7	2	6	5	8	9	3

puzzle 135

2	3	6	4	1	8	7	9	5
7	5	9	6	2	3	4	8	1
1	8	4	5	7	9	6	2	3
3	4	7	2	8	1	9	5	6
6	9	8	3	5	7	2	1	4
5	1	2	9	6	4	3	7	8
4	7	5	8	3	2	1	6	9
8	2	3	1	9	6	5	4	7
9	6	1	7	4	5	8	3	2

puzzle 136

3	8	4	1	2	5	7	6	9
1	5	9	7	8	6	3	2	4
7	2	6	3	9	4	5	8	1
5	1	8	2	7	9	6	4	3
6	9	3	4	1	8	2	7	5
4	7	2	5	6	3	9	1	8
2	4	7	9	3	1	8	5	6
9	6	1	8	5	2	4	3	7
8	3	5	6	4	7	1	9	2

puzzle 137

2	9	4	5	1	6	3	8	7
3	8	1	7	9	4	2	5	6
5	6	7	2	8	3	1	4	9
7	4	3	1	6	5	9	2	8
6	2	8	9	3	7	5	1	4
9	1	5	4	2	8	6	7	3
4	5	6	3	7	1	8	9	2
8	7	2	6	5	9	4	3	1
1	3	9	8	4	2	7	6	5

puzzle 138

9	8	7	4	5	3	1	2	6
2	1	4	8	6	7	9	5	3
3	5	6	1	9	2	8	7	4
4	3	1	2	8	5	6	9	7
6	7	2	3	1	9	4	8	5
5	9	8	6	7	4	3	1	2
8	4	3	5	2	1	7	6	9
7	6	5	9	3	8	2	4	1
1	2	9	7	4	6	5	3	8

puzzle 139

3	4	7	5	6	8	1	2	9
1	8	9	7	4	2	3	5	6
6	5	2	3	9	1	7	4	8
5	2	3	8	7	6	4	9	1
7	9	6	1	2	4	8	3	5
8	1	4	9	3	5	2	6	7
2	6	1	4	8	9	5	7	3
9	3	8	2	5	7	6	1	4
4	7	5	6	1	3	9	8	2

puzzle 140

7	4	1	5	8	9	6	3	2
2	5	3	1	6	4	7	8	9
8	9	6	3	2	7	5	4	1
3	6	9	7	4	2	8	1	5
4	2	5	8	1	3	9	6	7
1	7	8	6	9	5	4	2	3
6	8	2	9	7	1	3	5	4
5	1	7	4	3	6	2	9	8
9	3	4	2	5	8	1	7	6

puzzle 141

3	1	4	9	2	8	7	5	6
2	9	6	7	5	3	4	8	1
5	7	8	6	4	1	9	3	2
6	8	1	5	9	4	2	7	3
4	3	2	1	8	7	6	9	5
7	5	9	2	3	6	1	4	8
9	2	7	3	1	5	8	6	4
1	4	3	8	6	9	5	2	7
8	6	5	4	7	2	3	1	9

puzzle 142

9	6	8	3	4	1	2	7	5
2	3	4	7	8	5	1	9	6
5	1	7	9	2	6	8	3	4
4	9	3	6	5	2	7	1	8
6	8	2	4	1	7	3	5	9
7	5	1	8	9	3	4	6	2
8	7	9	5	3	4	6	2	1
3	2	5	1	6	8	9	4	7
1	4	6	2	7	9	5	8	3

puzzle 143

6	5	3	7	2	1	9	8	4
1	4	8	9	5	3	7	2	6
2	9	7	4	6	8	5	1	3
3	1	2	5	8	9	4	6	7
4	6	9	2	1	7	3	5	8
7	8	5	6	3	4	1	9	2
5	2	1	3	7	6	8	4	9
9	7	6	8	4	5	2	3	1
8	3	4	1	9	2	6	7	5

puzzle 144

6	2	4	3	7	1	5	9	8
1	5	3	8	9	4	6	2	7
7	8	9	5	6	2	4	3	1
5	7	2	4	8	6	3	1	9
9	4	6	2	1	3	7	8	5
8	3	1	9	5	7	2	4	6
2	1	8	7	3	5	9	6	4
4	9	5	6	2	8	1	7	3
3	6	7	1	4	9	8	5	2

puzzle 145

5	9	2	6	3	8	7	1	4
8	7	6	1	4	9	3	2	5
3	4	1	7	5	2	8	6	9
4	2	5	9	6	3	1	8	7
6	1	7	8	2	5	4	9	3
9	8	3	4	7	1	2	5	6
2	3	9	5	8	4	6	7	1
7	5	4	2	1	6	9	3	8
1	6	8	3	9	7	5	4	2

puzzle 146

2	9	6	5	8	1	4	7	3
8	5	7	3	6	4	9	2	1
4	1	3	7	2	9	8	5	6
5	3	4	2	1	7	6	8	9
1	8	2	9	4	6	7	3	5
7	6	9	8	3	5	2	1	4
6	7	1	4	5	2	3	9	8
9	4	8	1	7	3	5	6	2
3	2	5	6	9	8	1	4	7

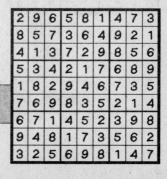